首長の暴走

あくね問題の政治学

平井一臣 著

法律文化社

ただ次のことだけははっきりと言える。もし今この興奮の時代に――諸君はこの興奮を『不毛』な興奮ではないと信じておられるようだが、いずれにしても興奮は真の情熱ではない、少なくとも真の情熱とは限らない――突然、心情倫理家が輩出して、『愚かで卑俗なのは世間であって私ではない。こうなった責任は私にではなく他人にある。私は彼らのために働き、彼らの愚かさ、卑俗さを根絶するであろう』という合い言葉をわがもの顔に振り回す場合、私ははっきり申し上げる。――まずもって私はこの心情倫理の背後にあるものの内容的な重みを問題にするね。そしてこれに対する私の印象はといえば、まず相手の十中八、九までは、自分の負っている責任を本当に感ぜずロマンチックな感動に酔いしれた法螺吹きというところだ、と。

（マックス・ウェーバー『職業としての政治』）

はじめに

●あくね問題と私

ついこの前までは、阿久根市と言っても、鹿児島県の人ならばともかく、ほとんどの人にとってはまったくなじみのない町でした。ところが、二〇〇九年あたりから、にわかにこの小さな地方都市が頻繁にマスコミに登場し、またインターネットの世界でも注目を浴びるようになりました。話題の中心は「ブログ市長」とも呼ばれる竹原信一阿久根市長の発言や行動、そしてそれをめぐる波乱や混乱です。

鹿児島県内で政治学の教育研究に従事している大学教員がそれほど多くないということもあり、私は、この阿久根市の問題（以下、「あくね問題」と記します）について、新聞社やテレビ局から頻繁にコメントを求められてきました。これまでにも地方自治の問題や選挙に関してコメントを求められた場合、なるべくお断りすることのないよう心がけてきました。しかし、この問題ほど頻繁に長期にわたってコメントを求められたことは、これまでありませんでした。

あれこれとコメントをしながらも、いったいこの問題をどのように考えればよいのだろうか、という疑問が常に頭から離れなくなりました。マスコミが私に求めてくるコメントは、ほとんどが竹原市長の発言や行動の是非に関するものでした。基本的に私は彼の発言と行動には非常に批判的な立場からのコメントを行ってきましたし、今でもその立場に変わりはありません。ただ、コメントをしながらも、はたしてこの問題を、彼の発言と行動の是非という観点からだけ考えてよいものだろうか、という疑問をもつようにもなりました。

阿久根市で起きている出来事を、竹原市長という特異な性格の人物がひき起こした政治的混乱とのみ見てよいものだろうか。もう少し広い視野からこの問題を取り上げる必要があるのではないのだろうか、という疑問です。阿久根市で起きている出来事は、他の地域でも起こりうることであり、日本の政治や社会のあり方とも結びついているのではないのか、というのが私の考えです。マスコミで話題にのぼることの多い橋下大阪府知事や河村名古屋市長の問題にも相通じる部分も少なくないようにも思います。本書のなかで私が、「阿久根問題」と記さずに平仮名で「あくね問題」と記すのも、この問題の一般的・普遍的な性格に着目するからにほかなりません。

●「改革政治」の時代のなかのあくね問題

確かに竹原市長の言動には非常に極端な部分が多々ありますし、前代未聞の事態を数多くひき起こしています。しかし、竹原市長のような言動はどこまで彼独自のものなのでしょうか。昨今の「改革政治」の風潮のなかでしばしばなされる、「改革のためならばルールは無視しても構わない」といったスタイル。「改革」への支持を取りつけるために「敵」を設定し、「敵」を徹底的に攻撃することによって支持を拡大するという政治手法。あれこれと丁寧に説明するのではなく、断定的なワンフレーズを多用する姿勢。こうした政治スタイルは、なにも竹原市長の専売特許ではないように思われます。つまり、今日の日本政治のなかで好まれやすい政治的パーソナリティを極端なかたちで示しているのが竹原市長と言えるのではないでしょうか。

この点と関連しますが、こうした政治的パーソナリティに対する世論の好意的な視線というのも阿久根市に限ったことではないように思います。竹原市長を生み出し支える阿久根市民の意識というのは、実は今の日本に暮らす少なくない人々が政治に対してもつ意識とある部分で共通しているように思われます。あの小泉フィーバーは私たちの記憶にいまだに鮮明に残っていますが、小泉首相への熱狂的な支持や昨今の地方自治体の「改革派」首長に対する世論の動向とも共通する部分が多分にあるように思えるのです。

あくね問題へのコメントを行いながら私が感じているのは、この問題は、現在の日本の政治や社会が抱え込んでいる困難さと危うさに非常に密接に結びついているのではないのかということです。本書では、阿久根市で起きた出来事を具体的に追いながらも、この問題を通して現在の日本の政治や社会が抱え込んでいる困難さや危うさとはいったいどういうものなのかということを考えてみたいと思います。

なお竹原氏は、二〇一〇年一二月六日の市長リコールで失職し、二〇一一年一月一六日に行われた出直し市長選挙でも落選し、現在では市長の職にありません。しかし、二〇〇八年夏からの約二年半の竹原市政を対象とする本書では、基本的に当時の職名を使用することとします。

●本書の構成

本書は二部構成になっています。まず第Ⅰ部「何が起こったのか」では、竹原氏が市長に就任する以前の彼の市議会議員時代にまで遡り、この数年間のあくね問題の推移をたどります。もちろん焦点になるのは、竹原市長誕生後の彼の市政運営とそれがひき起こした数多くの混乱です。あまりにも多くの出来事が起こり、それらをすべてフォローするのは不可能ですし、それほど意味もありません。竹原市長の市政の基本的な性格、彼の政治手法や政策のあり方などがわかる範囲で、また、役場職員、労働組合、議会、マスコミなど、市長が「敵」と設定した相手との関係がある程度わかる範囲で、この間の流れをたどっていきたいと思います。

第Ⅱ部「何が問題なのか」では、第Ⅰ部の叙述を踏まえ、阿久根市の出来事の政治的・社会的意味を検討し、そこから私たちは何をくみ取るべきなのかを考えてみたいと思います。ここでは、とくに重要なポイントを三つに絞ることにします。

●ポイントその一：政治的リーダーシップ

第一のポイントは、政治的リーダーシップの問題です。あくね問題の中心である竹原市長の言動についての分析を行いながら、政治的リーダーシップとは如何にあるべきなのかを考えてみたいと思います。その際、今日の「改革の時代」に登場している政治家との比較も交えながら、そこにどのような問題が潜んでいるのかを探ってみたいと思います。周知のとおり、小泉政権の登場以降、日本の政治の世界ではトップダウン型の政策決定がこれまで以上に注目を浴びるようになりました。トップダウン型の政策決定をいちがいに否定するわけではありませんが、トップダウン型の政策決定の場合、まさにトップに立つ政治家の資質が重要な意味をもつことになります。そして、政治的リーダーシップを発揮する手段の一つとしてトップダウン型の政策決定がなされるのか、それとも単なる権力の乱用に至るのか、この点を私たちは問わなければなりません。トップダウン型の政策決定には、たえず権力の乱用や暴走の危険が伴うということを考えておく必要があるからです。

本書のタイトルを「首長の暴走」としたのは、トップダウン型のリーダーシップを待望する声が強まる今日の日本では、容易に権力の暴走、すなわち地方自治体における首長の暴走をひき起こしかねないことを示しています。その意味で、竹原市長の言動を政治的リーダーシップの観点から何が問題なのかを考えることは、小泉元首相や近年の「改革派」首長がもたらしている、今日の日本政治における政治的リーダーシップの危険な側面に目を向けることになるでしょう。

●ポイントその二：世　論

二つ目のポイントは、今日の世論の問題です。竹原市長は、二〇〇八年八月の市長選挙で当選し、翌年の出直し市長選挙で再び当選しています。さらに二〇一〇年のリコールをめぐる住民投票では、竹原市長の解職が成立しましたが、わずか三九八票差の僅差での成立でした。彼の政治姿勢は、選挙によって有権者からの支持を二度にわたって受け、住民投票の時点でも根強い支持者がいたことになります。また、インターネットの世界でも竹原市長の言動を支持する人も少なくありません。さらには、とくに鹿児島県外において竹原市長の言動を支持する議員や市民の方々もいるようです。彼を支持する世論とはいったいどのようなものなのでしょうか。そして、そうした世論を生み出す現在の社会のあり方はどのようなものなのでしょうか。

この問題は、今日の日本の社会のあり方の問題とも深く関連しています。竹原市長に少なくない支持が集まる理由の一つは、彼の激しい公務員批判、とくに公務員給与批判にあります。このことは、二一世紀に入って私たちが頻繁に目にすることになった「格差社会」とか「不平等社会」の問題に対する世論のあり様と深く結びついているように思われます。たとえば、二〇一〇年七月の参議院選挙で公務員批判を前面に打ち出して選挙戦を展開したみんなの党が躍進しました。あくね問題は、公務員批判による支持の調達という点で、二〇一〇年の参議院選挙で示された世論の動向ともつながっているように思われるのです。この問題を明らかにするために、竹原市長を支える世論の問題について、近年の「格差社会」や「不平等社会」に関する研究なども参考にしながら考えてみたいと思います。

●ポイントその三：マスメディア

三つ目のポイントは、マスメディアの問題です。あくね問題をみていると、今日の日本のマスメディアが抱えている問題が如実に表れているようにも思えます。竹原市長は激しいマスコミ批判によっても知られていますが、私が問題視するマスコミの現状と、竹原市長のマスコミ批判とはかなり異なっています。むしろ、竹原市長のマスコミ批判自体には危うさが多分に含まれています。さらに言えば、激しいマスコミ批判を繰り返し行っている竹原市長ですが、彼がここまで注目されるようになったのもマスコミ報道を通じてでした。その意味では、彼は非常に巧みにマスコミを利用しているのではないか、とも考えられます。

竹原市長のマスコミに対する姿勢以上に私が深刻な問題ではないかと考えるのは、マスコミの側の報道姿勢です。あくね問題に対するこの間のマスコミ側の報道姿勢には、非常に大きな問題があると言わざるをえません。たとえば、竹原市長によるマスコミの選別に対するマスコミ側の対応について考えてみましょう。竹原市長はマスコミ批判を行いながらも、一部のマスコミに対しては取材を許可していました。これに対して、マスコミ全体として市長に対して批判をすることもなく、市長によって取材を許可されたマスコミは市長への取材をそのまま続けました。小さな町の市長といえども権力者です。その権力者がマスコミを選別しているのに対して、マスコミ側がそれに従順に従っているという姿勢には疑問を抱かざるをえません。こうした問題を含めて、あくね問題を通して現在の日本のマスコミが抱える問題を考察します。

●〈新自由主義的心性〉と民主主義

以上のような問題領域について考察を進めたうえで、最後にもう一度、なぜあくね問題がこの時期に起きたのか、この問題を私たちはどのように考えればよいのか、ということを改めて考えてみます。その際、この問題を解くカギの一つとして、〈新自由主義的心性〉という問題を提示してみたいと思います。昨今の日本の政治や社会の大きな変化のなかで、とりわけ小泉政権登場以後の政治の流れのなかで、〈新自由主義的心性〉が私たちが暮らす日本の社会に浸透しているのではないかと思います。そして、あくね問題を通して見えてくる日本の社会と政治が抱える困難さと危うさというのは、この〈新自由主義的心性〉と密接に絡んでいるのではないのか。これが、私が提示したい問題の一つです。

同時にまた、あくね問題を通じて、私たちにとって民主主義とはいったい何なのかという問題を考えてみたいと思います。現在の日本は様々な課題に直面していますが、その解決のためには大胆な改革も時には必要です。しかし、だとしても、政治の世界で物事を決めていくうえで、私たちが踏み外してはならない民主主義のルールや考え方というものがあるのではないでしょうか。私たちが暮らす現在の日本が転換期にあるからこそ、もう一度民主主義の原点に立ち返って考えてみることの意義を示してみたいと思います。

こうした分析や問題提起を通じて、あくね問題というのが、決して一地方の田舎町で起きた政治的ドタバタではないということ、そして今日の日本で暮らす私たち自身が自分自身の問題として受け止めてみる必要があるということを、少しでも伝えることができればと思います。

首長の暴走◉目　次

第Ⅱ部◉何が問題なのか

第Ⅰ部◉何が起こったのか

二〇〇八年八月に行われた阿久根市長選挙に竹原信一氏が当選して以降の約二年半の間、人口二万数千人の小さな自治体の政治が、全国的な注目を浴びるようになりました。「辞めさせたい議員」ネット投票、ネット上での市役所職員個々人の給与の公表、障害者問題をめぐるブログ書き込み問題、専決処分の乱発等など。何か事が起こるたびに全国のマスコミが取材に訪れ、この小さな自治体の混乱が全国に報じられました。

混乱の主役である竹原市長は「ブログ市長」として全国的に有名になり、議会での市長不信任案可決を受けて行われた出直し市長選挙でも当選するなど、地元での支持を拡大していきました。

第Ⅰ部では、竹原市政のもとでいったいどのようなことが起きたのか、時間の流れに沿って整理します。あまりにも多くの出来事が起こったので、それらをすべてフォローすることはできません。あくね問題が起こった背景やあくね問題の何が問題なのかを考えるうえでぜひ触れておくことが必要だと考える出来事にある程度絞って、事態の推移をたどります。

1 「ブログ市長」誕生

●鹿児島県阿久根市

日本本土最南端に位置する鹿児島県。その鹿児島県の西側に位置する阿久根市は、東シナ海に面し天然の良港をかかえていることもあり、かつては漁業で栄えた町でした。同市の牛之浜海岸は、東シナ海に沈む夕陽がすばらしい景観を演出する絶景の地です。また、阿久根市街地からも見える阿久根大島は、野生の鹿が生息し、夏になると多くの海水浴客で賑わいます。さらに、巨大な柑橘類であるボンタンは、この地の名産品の一つです。

しかし、温暖な気候やすばらしい景観、豊かな農水産物にも恵まれているこの阿久根市も、他の地方都市と同様、この間経済的な疲弊が急速に進行しました。一九六〇年代半ばには四万人を超えていた阿久根市の人口は、その後減少の一途をたどり、現在では二万四千人を割っています。

また、モータリゼーションの進展と郊外店の発達によって、中心市街地にはシャッターを降ろした店舗が目立ちます。

さらに、阿久根市の場合、九州新幹線ルートから外れたことから大きな打撃を蒙りました。かつての鹿児島本線は、九州新幹線の部分開通（新八代～鹿児島中央間、二〇〇四年）によって、第三セクター方式による肥薩おれんじ鉄道に移行しました（水俣～川内間）。鹿児島本線時代には特急の停車駅でもあった阿久根市でしたが、現在は平均一時間に一本の普通列車が走っているにすぎません（朝夕には、普通列車以外にそれぞれ快速列車が一本ずつ運行しています）。

日本全国至る所に見られる「疲弊する地方」を象徴したような町が阿久根です。こうした地方都市では、大きな企業もなく、かつて栄えた農林水産業も衰退するなかで、その地域の地方公務員は比較的安定した給与を保障されていることから、地域のなかで相対的に恵まれた経済状況にあります。後に述べるように、このことが、あくね問題を引き起こす重要な要因となっていきます。いずれにせよ、日本のどこにでも見られる「地方の疲弊」という現状に対する「改革者」として登場したのが竹原市長でした。

●異常事態の阿久根

二〇一〇年三月五日、鹿児島の地方新聞『南日本新聞』はもとより、『朝日』『毎日』『読売』

などの全国紙も含め、マスコミ各社は阿久根市議会の異常事態を報じました。前日の四日、平成二二年度予算審議を行う予定であった阿久根市議会三月定例会に、予算案の提案者である市長が出席しないという前代未聞の出来事が起こったからです。議場でのマスコミの取材や撮影を排除してほしいという市長側の要望を、市議会が受け入れないから、というのが、市長側の欠席理由でした。

地方自治法第一一五条には、「普通地方公共団体の議会の会議は、これを公開する」と地方議会公開の原則が記されています。そうした法律上の問題を持ち出すまでもなく、予算案の提案者が市長であること、議会を招集するのもまた市長であることからして、市長が議会に出席し自らが作成した予算案を説明するのは当然のことです。

竹原市長は議会二日目の夕方になって一度は議場に姿を見せたものの、一連の市長の態度に激怒した議員側がこの日の審議を行わず、その後再び市長は議会欠席を続けました。のみならず、予算審議を行う委員会において、市役所の担当責任者に対して答弁を行わないよう指示し、行政側の説明のないまま予算審議を行わざるをえないという、これまた異常な事態が続きました。

市長と議会の対立に起因する混乱した事態はその後も様々な異常な出来事を生み出していきますが、その点については、後で詳細に触れることにします。まさに前代未聞の、混乱の極みを露呈した阿久根市政ですが、すでにこの事件の一年以上前から前代未聞の様々な出来事が起こっていました。そのたびにマスコミが報道し、時を経るとともに阿久根市への注目が高まっていったというのが、この間の流れでした。二〇一〇年三月の市長の議会出席拒否は、そうした数多くの異常事態のなかの出来事の一つにしか過ぎません。まずは、一連の異常事態をひき起こした主人公である竹原氏が市長に初めて当選した時期にまで、時計の針を戻してみることにしましょう。

●三つ巴選挙

二〇〇八年八月三一日に投開票が行われた阿久根市長選挙は、それまで三期一二年市長職にあった斉藤洋三市長の引退を受けて行われたものでした。この選挙には四人が立候補しましたが、実質的には竹原氏、庵重人氏、山田稔氏による三つ巴の闘いでした。この三人のなかで、竹原氏はそれまでの斉藤市政を徹底的に批判し、庵氏と山田氏は斉藤市政の継承の立場から選挙に臨みました。

斉藤洋三前市長は、三期一二年市長を務め、二期目と三期目は無投票で市長に選ばれました。その斉藤市政下で取り組まれた重要な課題の一つが市町村合併問題でした。いわゆる「平成の大合併」のかけ声のもとで、鹿児島県内でも多くの市町村が合併しますが、そうしたなか阿久根市もまた隣接市町村との合併を模索しました。しかしながら、阿久根市の財政状況が悪いことなどから、隣接市町村との合併協議は不調に終わり、阿久根市は単独での道を選択することになりました。「合併しない町宣言」を出した福島県矢祭町のように積極的に単独の道を選んだ自治体もありますが、阿久根市の場合は消極的ないしはやむをえず単独の道に進むことになったと言ってよいでしょう。

また、斉藤市政時代に大きな問題になったのが、九州新幹線開通に伴う並行在来線問題でした。すでに述べたように、二〇〇四年、九州新幹線が熊本県八代市と鹿児島市の間で部分開通しました。これに伴い、並行在来線となる鹿児島本線（水俣〜川内間）の存続が大きな問題になりました。とくに阿久根市の場合は新幹線のルートから離れているため、この問題は地域の将来を大きく左右するものと受け止められました。結局、この問題は、肥薩おれんじ鉄道という第三セクター方式による路線の存続というかたちに落ち着きましたが、新幹線開通以前には特急列車停車駅だった阿久根市にとっては大きな痛手となったことは間違いありません。また、肥薩おれんじ鉄道の経営状態はきわめて厳しいものにもなっています。

こうした問題に加えて、二〇〇一年に始まる小泉構造改革は多くの地方を疲弊に追いやりましたが、阿久根市もまた例外ではありませんでした。小泉政権期の「三位一体の改革」による地方交付税交付金の大幅な削減は、阿久根市のような自主財源に乏しい自治体を土俵際にまで追い詰めることになりました。

もちろん、こうした問題のすべてを一二年間にわたる斉藤市政の責に帰するわけにはいかないでしょう。阿久根市に限らず、日本全国の多くの地方都市で同様の事態が進行していたからであり、地域経済の疲弊は世界経済の動向や国の政策のあり方に大きく規定される部分があるからです。何よりも小泉構造改革が地域に与えたインパクトの大きさを無視するわけにはいきません。しかしながら、斉藤市政の一二年の間に一種の閉塞感や現状に対する不安や不満が地域のなかで蓄積されることになったのも事実でしょう（あまり報じられませんが、斉藤市政時代には、かなり積極的な行財政改革が行われており、職員は一三〇名余り削減され、また定期昇給も一二年連続据え置かれるなど、人件費削減の努力もされていました〔『朝日新聞』二〇一〇年一一月九日〕。ただし、こうした役場内の行財政改革の中身が、必ずしも住民にきちんとしたかたちで伝わっていなかったようです。このこともまた竹原氏の公務員バッシングが住民に支持される一因になったように思われます）。

さて、選挙の結果は、竹原氏：五五四七票、庵氏：五〇四〇票、山田氏：四四〇一票で、僅差ながら竹原氏が勝利を収めました。庵氏と山田氏の二人の票を足せば、竹原氏の票を大きく上回る得票だったことからも、斉藤後継問題がうまくいかなかったことが竹原氏に有利に働いたと言ってよいかと思います。

●ブログ更新問題

この選挙戦の終盤、竹原氏に関する報道が大きくなされることになりました。竹原氏が選挙公示後も自らのブログを更新し続けており、しかも内容が選挙にかかわることであったからです。八月二九日の地元新聞は、阿久根市選挙管理員会が竹原氏のブログ更新に対して「公職選挙法に違反する恐れがある」と注意をしていることが八月二八日に判明したと報じました（『南日本新聞』二〇〇八年八月二九日）。

日本の選挙制度は、戸別訪問の禁止など他国に比べて選挙運動に対する様々な制約があります。それに加えて、急速に普及しているインターネットに対して、法的にどのように対応するのか未整備な状態が続いています。総務省は、二〇〇一年一〇月にＩＴ時代の選挙運動に関する研究会を立ち上げ、同研究会は二〇〇二年八月にネット選挙運動解禁の提言を行いました。しかしながら、その後ネット選挙運動解禁に向けての施策が取られないまま、今日に至っています。そのため、選挙期間中のインターネット利用については、公職選挙法中の「文書図画」に該当するとみなし、基本的に更新等を禁じています。インターネット時代になったと言われて久しいのに、法的整備がなされていないことも問題ではありますが、選挙運動期間中にブログを更新した竹原氏の行為は、現行の法に抵触する可能性があるというわけです。

確かに国の対応の遅れには問題があるのですが、竹原氏が最初の市長選挙の時から、法に抵触しかねないことをあえて実行するというスタイルを示していたことをここでは確認しておきましょう。

●竹原市長誕生の背景

さて、市長選挙で竹原氏が三つ巴の闘いを制したのはどのような理由からでしょうか。この点は、後の出直し選挙でなぜ竹原氏が再選されたのかという問題とも深く絡む問題ですので、少し詳しく見ておきたいと思います。

竹原氏の当選の理由の一つは、先にも指摘した候補者の乱立にありました。三期にわたって市長を務めた斉藤氏は、後継を一本化することができないまま市長職を退きました。竹原氏と争った二人の候補者はいずれも斉藤市政継承の立場をとっており、二人の間で票が割れたことが竹原氏に有利に働いたと言えます。いわば漁夫の利の勝利、といった側面がなきにしもあらずというわけです。

次に、先に触れたブログ問題も、結果的には竹原氏に有利に作用したのではないかと考えられます。投票日を前にしてこの問題がマスコミで取り上げられたことが、竹原氏の知名度アップにつながったと考えられるからです。

このような要因が考えられますが、竹原氏を当選に導いた最も重要な要因は、竹原氏が市長選挙において「改革派」の候補者として自らを強くアピールしたこと、そしてまた、そうした「改革派」市長の登場を望む声が阿久根市住民のなかにある程度あったということではないかと思います。では、市長選挙当時、竹原氏は何を訴えていたのでしょうか。

選挙戦で竹原氏は「阿久根市を変えるため」として七つの公約を打ち出しています。①市長給与・退職金の大幅減、②議員定数の大幅減、③市役所人件費の大幅減、④高齢者医療などの交通費負担軽減、⑤浄化槽管理の負担軽減、⑥学校施設整備と教育環境の改善、⑦市民のための税金の使用、の七つです。

竹原氏の主張のポイントは、議会および行政の大幅な経費削減と市民サービスのための支出増ということになります。そして「人件費削減で得られる財源を新たな雇用創出や市の活性化策などに活用」とあるように、議員や市役所職員の徹底した人件費削減による財源捻出こそが、市民サービスの向上につながるという主張を展開していたと言えるでしょう。ある意味ではきわめてわかりやすい主張であり、だからこそ一定の支持を得ることができたとも言えます。

竹原氏の主張は、竹原氏と競った二人の候補者が地域振興や教育の改善などを公約として立て、行財政改革の問題にまったく触れていないのとは対照的でした。したがって、竹原氏への期待と支持は、徹底した経費削減を実行してくれるという住民の期待感に支えられていたとみてよいでしょう。

こうした経費削減を中心とした行財政改革の主張とともに、竹原氏が支持を集めたもう一つの理由は激しい議会批判でした。市長選挙の公約の一つである議員定数削減問題は、単なる経費削減の問題だけではなく、それまでの阿久根市議会の現状に対する厳しい批判を意味してもいました。そして、この主張にもまた住民からの一定の支持が集まったと思われます。

さて、竹原氏は、二〇〇八年夏の市長選挙に突然登場したわけではありません。彼は、市長選挙までの約二年半の間市議会議員として議会活動を行っていました。「改革派」としての竹原氏の政治スタイルや政治的立場はすでに市議会議員時代にある程度現れていました。次に、市議会議員時代の竹原氏がどのような活動を行い、どのような発言を行っていたのかを見てみることにしましょう。

●市議時代の竹原氏

竹原氏の市長当選の原動力は、今見てきたように「改革派」としてのイメージが有権者に浸透していったこと、そしてそのような「改革者」の登場を願う一定数の有権者がいたからでした。そして、これは単にイメージだけではなく、市長当選以前の市議時代の竹原氏の活動に対する一定の評価とも結びついていたように思われます。

竹原氏が阿久根市議に当選したのは、二〇〇五年一二月の同市議会議員選挙においてでした。市議選出馬以前から、竹原氏は市政や市議会を批判する活動を始めていました。彼の著書によれば、「市職員や市議会議員、市長など無責任極まる阿久根市行政の実態を市民に少しでも知ってもらおうと、『阿久根時事報』と題したチラシを刷り、自らバイクを駆って阿久根市のほぼ全世帯の家々に届ける活動を始め」（竹原信一『独裁者』扶桑社、二〇一〇年、三四頁）、二年半で七万部以上を配ったといいます。

竹原氏の市議在職中に地元のマスコミでも大きく取り上げられたのが、政務調査費の問題でした。二〇〇七年七月に南日本放送（ＭＢＣ）は、阿久根市議会議員が政務調査費を使って観光旅行にでかけている問題を報じました。竹原氏は、この報道に先立つ約半年前に阿久根市議会の政務調査費問題をブログで取り上げていました。そして、彼が政務調査費の不適切な使用を指摘した現職議員の辞職勧告決議案を九月議会に提出しましたが、賛成二、反対一三で否決されてしまいました。竹原氏が指摘するように、政務調査費の使い方については、全国各地の市民オンブズマンを中心とした活動によって多くの地方議会で問題視されました。阿久根市議会の場合にも当然批判されるべき事案であると思います。後でも述べますが、地方議会が様々な問題を抱えていることは事実です。したがって、地方議会が抱える問題を明らかにし、改善することもまた必要であり、議員時代の竹原氏の活動にはそうした部分もあったと言えます。

ただし、市議会議事録を丹念に読んでみると、そうした「改革者」としての側面以上に目につくのが、竹原氏の議論のスタイルや考え方の特徴です。

たとえば、議員時代から竹原氏は「敵」と見定めた勢力に対する激しい批判を展開しています。

当時の斉藤市長に対する議会での批判も相当に激しいものです。議員が行政の長を厳しく追及したり批判したりすることは、決しておかしいことではありません。これまでの日本の地方議会はえてしてなあなあの関係であったと言われており、そうしたことが少なすぎたとの指摘もなされています。しかし、竹原氏の批判というか攻撃というのは、政策の中味につっこんだものというよりも、職員給与や議員歳費などの目に見える経費問題か、あるいは市長の心構えの問題に集中しています。また、議論する際に、依拠する資料の一部を誇張して用いたりすることもままあります。

たとえば、二〇〇六年の定例議会（三月二日）の議事録には、竹原氏が公務員給与問題を取り上げ、この問題についてのやりとりが記されています。竹原氏は、地方公務員給与の国家公務員準拠に関する有識者会議に関する『南日本新聞』の記事を取り上げ、「国はもうこういう方向で進んでおります」と断定し、執行部側の見解を求めています。有識者会議でそのような議論が出ていたことは事実でしょうが、そのことがただちに「国はもうこういう方向ですすんで」いると断定してよいのかどうか。議事録に残されている竹原氏の議論には、このような論理の飛躍がしばしば見られます。

議会での論戦ばかりでなく、議場以外での活動、つまりチラシやブログで、誹謗中傷に近いことも交えて批判や攻撃を行うというのも特徴の一つです。したがって、議事録を読んでみても、市長とのやり取りもかみ合わず、最後は感情的な対立で終わるというパターンがほとんどです。

議員時代の発言から読みとれるもう一つの特徴は、竹原氏が非常に雑多な考えの持ち主であるということです。たとえば、国民保護法について論じるなかで「市民の情報は国、あるいは米軍に垂れ流し、やりたい放題にやられる可能性が高い」「ほとんど無理やりに近い法律をつくった米軍、そして小泉政府、こういうものに対する警戒感を持っていないと国民を守ることは非常に難しい」（平成二〇〇六年三月定例会議事録）と述べ、日本に対するアメリカの支配、それに従順に従う日本政府という構図を示しています。ここには反米主義者としての特徴を見出すことも可能でしょうし、政府に対する激しい不信感を確認することもできます。政府に対する不信感は国家に対する不信感とも結びついています。それは、「国家は国民のためにあるというのは真実でも現実でもありません。それが自国であれ外国であれ、国家ほど人々を不幸にさせてきたものはありません。国家は自分では何も生み出しません。人々を利用するだけです。」（二〇〇八年三月議会議事録）という発言に端的に示されています。私自身も竹原氏が指摘するような国家の性格をいちがいに否定するわけではありません。しかし、竹原氏の場合、このような国家批判がストレートに公務員批判と結びついています。「国家というネズミ講に加担しがちな役人という階級を可能な限り削減し、住民自治の道を歩まなければいけません」（同）という具合いです。

このようにきわめて短絡的な図式のもとで、彼がブログのタイトルとして掲げるのは「住民至上主義」です。ただし、そこには「住民」といっても様々な価値観や利害をもった住民がいるという認識はほとんど見出すことができません。一種のポピュリズム的な発想がきわめて強いと言ってよいでしょう。

さらに、市長就任以後の竹原氏の行動を暗示させるような発言も議員時代にすでに行っています。すなわち、政治家は超法規的な存在だという考えです。「政治が立法に関係し、その意味では立法される法の外に存在する、超法規的存在であるのに対して、行政は法に基づいて行われる法規的行為のことである。つまり、政治家、議員も市長斉藤洋三も超法規的存在として、ここで政治の議論をしなければいけない」（二〇〇六年三月定例会議事録）と述べています。もちろん、政治家は新たに法を作るという役割を担っており、そこで問われるのは政治的な判断や構想力です。しかし、そのことがただちに「超法規的存在」になるとしたら、結局それは独裁を容認することになります。

このように、議員時代の竹原氏の言動には、すでに「改革者」としてのイメージを打ち出すものを確認できるとともに、彼がもつ考えや発想の危うさも確認できるかと思います。

●地方議会批判

さて、政務調査費問題に限らず、今日の地方議会が十分に機能しているのかどうかについては、様々な疑問や批判が投げかけられています（日本の地方議会の全般的な状況については、佐々木信夫『地方議員』ＰＨＰ新書、二〇〇九年、を参照）。竹原氏の「改革者」としてのイメージは、先にも触れたように、公務員批判とともに地方議会批判によってかたち作られています。そこで、彼の地方議会批判をどのように考えればよいのかを述べておきます。

四年間の任期中に一度も一般質問をしない議員、首長となれ合いの関係になりチェックや批判をまったくしない議員など、全国至る所で問題議員の存在が指摘されてもいます。いずれにせよ、地方議会に対しては住民からは何をやっているのかさっぱりわからず、議会は不要と考える住民も少なくありません。竹原氏の議会批判もまた、こうした昨今の地方議会の現状とそれに対する住民の厳しい見方と結びついたものであると言ってよいでしょう。

竹原氏と同様、地方議会に対して非常に厳しい批判をしているひとりに片山善博氏（元鳥取県知事、現総務大臣）がいます。片山氏もまた、今の地方議会は「八百長と学芸会」という言葉で表現しているように、地方議会に対する厳しい批判者のひとりです。

しかし、ここで注意しなければならないのは、地方議会に問題ありという同じ問題意識からスタートしながらも、ではどう考えるべきかという段階で、片山氏と竹原氏はまったく正反対の結論に立っているということです。竹原氏の場合には、議会批判からスタートして議会の解体を主張しています。彼の著書『独裁者』では「結局のところ、私は何が言いたいか。それは、税金で無駄に生かし続けている議会など即刻『廃止』するべきだということです」（二三三頁）とまで述べています。これに対して片山氏は、地方分権のために「どうすればいいか」という問いに対して「一番のポイントは議会です。間接民主制がうまく運営されるように、議会が機能を回復すること。そのうえで、間接民主制を補完する直接民主制として、住民投票などの住民の政治参画機会を増やす」（増田寛也『地域主権の近未来図』朝日新書、二〇一〇年、二六頁）と述べ、むしろ今後の地方分権の要として地方議会を位置づけているのです。

私が疑問に思うのは、現状の議会に問題が多々あるという指摘には同意できますが、実際に議員として選ばれた人々のなかに、議会不要論を唱える竹原市長のような首長に賛同する人々がいるということです。おそらく、日常の議員活動を真摯にやろうと思えば思うほど、現実の議会の旧弊やしがらみの壁に遮られ、今の議会を何とかしなければならない、という強い問題意識をもっている議員なのでしょう。しかし、議会を何とかするという立場と、議会はいらないという立場には、きわめて大きな違いがあります。議会批判の思いが加速するあまり、議会否定にまで進んでよいのかどうか。そもそも議会というものをどのように考えているのか。竹原氏の考えを支持する議員の方々にはぜひ聞いてみたいところです。

●「ブログ市長」の船出

激戦の阿久根市長選挙を制した竹原氏ですが、彼を支えたのは、合併に乗り遅れ、地域経済も沈滞する一方である阿久根市を何とか立て直してほしいという有権者の期待であったと思われます。そしてまた、議会や行政に対してそれまで蓄積されていた不満や不信感がその背後にあったことは間違いありません。その意味では、このようなタイプの人物が首長に当選する可能性は、地方の市町村のどこにでもありうると考えた方がよいでしょう。ただし、ではどのような政治手法でそうした改革を行っていくのかということは、竹原市長の誕生時は必ずしも明確であったわけではありません。しかし、竹原氏が法や制度よりも自らの価値観や考えを優先させる発想を強くもっていることは、就任時点ですでに明らかでした。

当選証書授与式後に竹原氏は、ブログ書き込み問題について次のように発言しています。

「(ブログは)選挙前から続けている日記であり、総務省の解釈がおかしい。法律の解釈ができない総務省の枠組みの中でやる必要はない。」

この発言は、様々な法律や制度について、自らの見解のみを基準に軽視したり無視したりするその後の竹原氏の行動を予感させるものでした。市長就任後の竹原氏の実際の市政運営と、それが巻き起こした様々な混乱を、次に見ていくことにしましょう。

2 議会との対立と出直し選挙

●市長就任から解職まで

竹原氏が二〇〇八年八月の市長選挙で当選して以降、実に様々な出来事が起こりましたが、おおよその流れをまず説明しておくことにしましょう。

二〇〇八年九月の市長就任から翌年五月に行われた出直し選挙までの時期には、人事問題を中心とする議会との対立が深まる一方で、市役所職員の降格人事の実施や職員給与の貼り出し等の出来事が起こりました。二〇〇九年二月の議会で市長不信任案が市議会で可決され、これに対して竹原市長は議会解散に打って出ました。出直し市議会選挙では、市長派と目される候補者五名が当選しましたが、一六名の議員のうち一一名が反市長派の立場の議員で占められました。その結果、出直し市議会選挙後初の議会で再び市長不信任案が可決され、竹原市長は失職し、出直し市長選挙が行われました。この出直し市長選挙でも竹原氏は勝利し、再度市長に就任することとなりました。

出直し市長選挙で当選した竹原氏は、さらに独善的な傾向を強めていきました。と同時にブログに書き込んだ障害者問題に関する記述が差別的な表現ではないかと問題になるなど、市政運営以外の問題でも注目を浴びることになります。そして、二〇一〇年の三月議会で、第一章の冒頭で紹介した議会への欠席という前代未聞の事態に至ります。

こうした竹原氏の言動に対して、住民のなかからも疑問や批判の声が次第に出てくるようになりました。「阿久根の将来を考える会」という団体が結成され、やがて住民のなかからのリコールの動きへとつながっていきます。そしてまた、総務省や鹿児島県が阿久根市の事態を深刻な事態と受け止め、実際に県から助言、さらに二度の勧告が出されるなど、国や県からの関与の動きも始まりました。こうしたなか、竹原市長は、議会を開催せずに専決処分を繰り返し行い、県からの二度目の勧告を受けた後、専決処分で「副市長」を選任します。そして「副市長」からの助言を受け入れるというかたちで、臨時議会の招集や自らが懲戒解雇処分にした職員の職場復帰など、軌道修正を行いました。

一方、住民によるリコール運動は一万人以上の署名を集め、一二月六日に行われた住民投票で、竹原氏の解職が成立しました。しかし、賛否の票差はわずか三九八票差であり、竹原氏への根強い支持があることが示されました。同時にまた、住民投票が迫るなかで、竹原氏を支持する議員などを中心として議会リコールの署名運動も行われ、こちらもまた法定数を上回る数の署名を集めました。このように、竹原氏の支持、不支持をめぐる争いによって地域社会が真っ二つに割れる様相を呈し、そのようななかで一月一六日の市長選挙が行われました。市長選挙には、リコール運動の参加者のひとりである西平良将氏が立候補し、接戦の末に竹原氏を破り当選を果たしました。

以上が、これまでのおおよその流れですが、第一章で見たように、二〇〇八年の市長選挙に際しては、竹原氏の政治手法がどのようなものなのか、必ずしも明確ではありませんでした。しかし、二〇〇九年五月の出直し市長選挙の際には、市長就任後の様々な出来事により、竹原氏の政治手法もある程度明らかになっていました。出直し市長選挙での当選により、おそらく竹原氏は自分のやり方が信任を得たのだと自信を深めたことと思います。そして実際に、それまで以上に大胆で過激な政治手法を次々にとっていくことになります。出直し選挙とその結果は、竹原流政治の方向性をより明確にしたと言えるでしょう。

まず、竹原氏の市長就任から二〇〇九年五月の出直し市長選挙に至るまでの時期、どのようなことが起こったのか、見ていくことにしましょう。

●人事をめぐる紛糾

市長就任後まもなく、竹原市長は議員定数一六名を六名に削減するという考えを示しました。選挙での公約を早速実行に移す姿勢を示したと言えるのかもしれません。竹原市長は「ドラスティックな提案をすることで市民の関心を集め、形骸化した議会の問題を真剣に考える契機にしたいという目論見も」あったと述べています（『独裁者』一〇六～一〇七頁）。一六名を六名という大幅削減ですから、議会側は当然のごとく反発を示しました。では、なぜ六名なのか。竹原氏の論理は次のようなものです。

合併話が持ち上がっていた時、新市に移行した際の議員定数は三〇名となっており、その場合阿久根市の人口比で議員数を算出すると七・九名になります。そこで「さらに一歩踏み込んで」六名にしたというのが竹原氏の論理です。合併後の自治体議会の定数の問題と、合併以前の単独の自治体における議員定数の問題をごっちゃにした議論であり、これでは議員定数削減の根拠としてきわめて薄弱としか言いようがありません。それどころか、市長自身がまったく議会を相手にしようとせず、その結果議会の側の感情的な反発を生み出してしまうという非生産的な効果しかもたらさないと言わざるをえません。

案の定、その後の市長と議会の不毛な対立が続くことになります。

とくに人事案件についての対立が深刻化していくことになります。すなわち、市長就任後竹原氏は副市長と教育長の人事案件を提案しますが、いずれも否決されてしまいます。いずれも民間からの登用を提案したのですが、行政経験のない市長に加え、副市長、教育長もまた行政経験がないことなどが主な否決の理由でした。このように市長と議会の対立は続きますが、ただし、市長が提案した議案がすべて否決されたわけではありません。議員定数削減、職員給与削減や人事案件以外の議案はほとんど議会で承認されています。あたかも、議会が市長の提案をことごとく否決したかのような印象をもたれていますが、この点は確認しておくべきでしょう。

こうした市長と議会の対立について、竹原市長は「私は常に対話しようとしてきた。対立が続くのは私のせいではない。議会のわがまま」という主張を繰り返しました。これに対して濱之上大成議長は「感情的な言葉の応酬で『竹原氏の言うことはすべて反対』という雰囲気が一部あったのは事実」と述べながらも、「竹原氏も議論をはぐらかしてきた。市民懇談会といいながら、自分の支持者を多く集めた場所にしか出ようとしない」と、議会が一方的に悪かったわけではないとも述べています（『読売新聞』二〇〇九年六月三日）。

地方自治体で市長が少数与党の立場におかれ、議会対策に苦労するということはしばしば耳にする話ですが、阿久根市の場合、双方の感情的な対立が相当に根深かったと言えるでしょう。ただし、さきほど指摘したように議会がすべての議決を否決したわけではありません。人事案件や議員定数削減、職員給与削減案件以外は、竹原市長の提案を議会はほぼ承認しています。議会と市長との対立と言いますが、それは政策的な対立というよりも感情的な対立であったと言えるでしょう。そして、竹原市長のブログへの書き込みが、こうした感情的な対立にさらに火をつけることになりました。次に説明する「落としたい議員」ネット投票問題です。

●「落としたい議員」ネット投票

二〇〇九年一月、竹原市長は自らのブログで「落としたい議員」のネット投票を呼びかける書き込みを行いました。この問題は、中央のマスコミもかなり大きく取り上げ、「ブログ市長」として全国的に注目を浴びるきっかけにもなりました。

すでに前年の一一月、竹原市長はブログ上で市議会は解散すべきか否かというネット投票を行っていました。今度はそのブログのなかで、阿久根市議会議員の実名を掲載して、「落としたい議員」への投票を呼びかけたのです。ブログでのネット投票ですから、阿久根市民のみならず誰でも投票することができるわけです。いったいなぜ、このようなことを行ったのか。その真意をマスコミから聞かれた市長は、「思いついたから」と答えただけでした。

当然のことながら、「落としたい議員」として実名をブログに掲載された議員にとっては、非常に不快な出来事です。議会と対立を続ける市長がなんとか議会の悪弊を世間に知らしめたいと思ってやった行為なのでしょうか。しかし、こうしたやり方は、議会との対立を乗り越えて問題の解決を目指すというよりも、議会との対立をより一層感情的なものとし、不毛な対立を生み出すだけです。実際、市長と議会の対立は泥沼化していくことになります。

竹原市長は頻繁にブログを更新し、そこで彼が「敵」と考える勢力を徹底的に批判します。ブログを多用した議会批判や労働組合批判、公務員批判は、その後も繰り返しなされていきます。「落としたい議員」ネット投票も、そうしたブログによる敵対勢力批判の一環であったと言えるでしょう。

このような市長のやり方を見ていて、私はプロレスにたとえればわかりやすいのではないかと思うようになりました。プロレスの試合にたとえれば、竹原市長のやり方というのは、最初から場外に飛び出してリング内にいる相手方（議会であったり、労働組合であったり、裁判所であったり）を挑発し、リングにのぼるのではなく相手を場外に引きずり出して場外乱闘をしかけるというやり方ではないでしょうか。プロレスの試合であれば、それはそれで観客にとってスリリングな試合となるかもしれません。しかし、政治の世界、ことに私たちが現在暮らしている民主主義を原則とする政治の世界において、はたしてこのようなことが行われてよいのでしょうか。この問題については、また第Ⅱ部で述べることにして、これ以降の竹原市長の場外乱闘にもたとえられる様々な言動を見ていくことにしましょう。

●市職員給与公表問題

「落としたい議員」ネット投票以上に世間の注目を浴びた出来事が翌二月に起きました。今度は阿久根市のホームページと自らのブログで、阿久根市職員の給与、退職者の退職金を公表したのです。実名は伏せられていたものの、個々人の給与が表形式で示されており、当初は諸手当もすべて公表されていました。職員の給与を公表することにより竹原市長が強調したのは、いかに阿久根市役所の職員が高給をむさぼっているかということでした。年収七〇〇万円以上の職員が非常に多く、一般の阿久根市民の平均所得（この時点では阿久根市民の一人あたり平均所得は二〇〇万円とされていました）を大幅に上回るという主張です。そして、職員平均所得六五〇万円に対して、阿久根市民の一人あたり所得二〇〇万円という数字が独り歩きしていくことになりました。

実は、この数字については、統計上留意しなければならない点が数多くあります。たとえば、市民一人あたりの平均所得二〇〇万円の根拠となっている一人あたり市町村民所得というのは、雇用者報酬、財産所得、企業所得などを合算したものを総人口で割ったものであり、個人の家計所得とは異なります。また、百歩譲って市町村民所得がそうした統計上の特殊な概念であることを横においたとしても、一人あたりの金額を出す際に総人口で割った額ですので、そこには赤ちゃんから高齢者までが含まれています。市役所職員給与については、母数は給与所得者である職員であるのに対して、市民平均所得の場合、全人口が母数となっているわけです。

実は阿久根市議会においても、給与における官民格差に関するデータ上の問題が取り上げられました。四月二〇日の議会で議員から「最近特に市の職員の給与と民間の給与の比較で、市民一人当たりの市民所得推計というのが取りだされているところでございますけれども、市民所得推計はですね、どのように算出されているのか、これをお伺いをいたしたい」という質問が出されました。この質問に対して、統計上の問題などのやりとりがなされた後、「市民所得が二〇〇万円で、市職が七〇〇万、あるいは七〇〇万弱という比較は私は正しくないというふうに考えるんですけれども、その辺はどうお考えなんでしょうか」という議員の質問に対して、総務課長は「まさしくおっしゃるとおりだと、私は思います」と答えています（『平成二一年第二回阿久根市議会臨時会議事録』）。

このように統計上様々に留意しなければならない問題があるにもかかわらず、二〇〇万円対六五〇万円という数字が独り歩きし、市役所職員の「高給」批判の材料となったと言ってよいでしょう。

このようなかたちでの市長による職員給与の公表について、好意的ないしは肯定的に取り上げるマスコミも少なくありませんでした。たとえば、週刊誌『アエラ』の記者が阿久根市長を取材し、ほぼ市長の主張を支持する内容の記事を掲載しました。また、テレビの朝のワイドショーなどでも取り上げられ、「改革派」市長の思い切ったやり方を無批判に放送する局もありました。

私自身がこの問題についてコメントを求められた際に、まず最初に頭に浮かんだのは個人情報保護の問題でした。小さな自治体の職員の給与や退職者の退職金のリストが公表された場合、地元の人々は、誰がいくらもらっているのか、ほぼ察しがつくことでしょう。職員の給与は税金で支払われているのであるから、税金の使途を明らかにするという目的に鑑みて、公表するのはあたり前、という意見もあるテレビ放送では紹介されました。また、橋下大阪府知事は、竹原市長の職員給与の公表について「おもしろい、大阪でもやってみてもよい」とコメントしたと報じられました。ただ、市長がとったやり方は、個々人の家計を容易に把握しうるものです。個人情報保護法の第三条では「個人情報は、個人の人格尊重の理念の下に慎重に取り扱われるべきものであることにかんがみ、その適正な取扱いが図られなければならない」と定めていますが、個々人の給与のブログでの公表というのは、阿久根市役所の職員およびその家族の「個人の人格」を尊重したものと言えるのでしょうか。

もう少し述べるならば、このような給与の公表がいったいどのような目的のために行われたのかということを考えてみる必要があるのではないかと思います。公務員の給与、あるいは行政における人件費について議論し検討することは重要なことであるに違いありません。とりわけ国、地方あわせて八〇〇兆円とも言われる借金があるなかで、人件費の問題に人々の関心が集まるのも無理はないでしょう。しかし、人件費問題をきちんと議論するために、はたして個々人の給与を公表する必要があるのでしょうか。地方自治体の人件費についてはどの自治体においても公表していますし、総額ばかりでなく年齢別であるとか、給与表などによって人件費は明らかになっています。中長期的にどの部分の人件費を削減すべきなのか、今後の公務サービスの内容と考え合わせてどの程度のマンパワーが必要で、それにはどの程度の経費がかかるのか、といった問題を検討していくのに、はたして竹原市長が示したようなデータの公表が必要なのでしょうか。

実は、竹原市政がスタートしてすでに二年近くが経過していますが、阿久根市の行政改革大綱や集中改革プランの見直しは一切行われていません。行政改革大綱は斉藤市長時代に作成されており、この大綱をベースとした行政改革が二〇〇七年度をもって終わっているのですが、新たな行政改革大綱づくりにはまったく着手されていません。つまり、中長期的に人件費をどうするのかという問題については手がつけられていない状況のなかで、個々の職員の給与の公表が行われたわけです。このようなやり方が生み出す結果は、一方的な公務員批判、つまり、公務員はろくな仕事もしていないのに、法外な給与をもらっている、それも税金だ、けしからん、といった多分に感情的な公務員批判です。また、中長期的な展望や計画がないまま、人件費を削減し、その分を住民サービスに充てるというアイデアだけの政策を実施していった場合、将来的には財政的なひずみや市役所の人員構成のゆがみなど多くの問題を生み出すことにつながる可能性が大きいと言わざるをえません。

●公務員批判とマスコミ報道

竹原市長の言動について、とくに公務員批判については、当初かなり好意的に取り上げたマスコミも少なくありませんでした。竹原市長は「身分制度の頂点に君臨するのは現代の『特権階級』公務員です」（『独裁者』二五二頁）とまで言っており、この点に賛同する人も少なくないというのが現状のようです（竹原氏とほぼ同じ視点から公務員問題を論じたものとして、若林亜紀『ドロボー公務員』ベスト新書、二〇一一年、があります）。それは、なぜなのでしょうか。このことを考えるために、マスコミがどのような論理で竹原市長の公務員批判を支持したのか、検討してみたいと思います。ここでは雑誌『アエラ』を取り上げます。記者が自ら阿久根市に取材に赴き、記事のなかで公務員の給与が阿久根市のなかで突出して高いことを指摘し、市長の取り組みに非常に好意的な姿勢を鮮明に打ち出しているからです。

『アエラ』二〇〇九年三月三〇日号に掲載された記事のタイトルは「増税の前に　ルポ　鹿児島県・阿久根市　地方公務員の高すぎる給与明細　不景気もどこ吹く風の、高給ぶり。身近な役場の人にも、国費は流れ込んでいる。」というものです。

記事では、最初に竹原市長のインタビューを紹介し、給与公開についての市民の声として、「(以前に公開された) 平均給与なんて見ても、実感はわかない。インパクトは強かったよね」「民間では『月十数万円、ボーナスなし』という人がたくさんいる。俺も年収三百万円だよ」といった給与公開に肯定的な意見を紹介しています。

そして、市職員の半数以上が年収七〇〇万円以上、平均給与が六五〇万円で、「民間三〇〇万円とすれば、二倍以上の格差が生じている」と指摘し、「見事なまでの『官高民低』ぶりに、市民は驚きを隠さない」として「そんなにもらっているのかとびっくりした」「あれは高すぎます」という市民の声を紹介しています。

記事では続けて、こうした地方公務員の給与が国に準拠しているため、また、民間企業との対比に際して小規模事業所や非正規社員等を除外したかたちでの比較を行っているため、公務員給与が高くなっているというコンサルタントの意見を紹介するなど、いかに地方公務員の給与が民間に比べて高いかを強調する内容になっています。そして、こうした公務員給与の問題を温存するものとして労働組合の存在があるという竹原市長の意見を肯定的に引用しています。

この『アエラ』の記事の特徴は、阿久根市のみならず地方公務員の給与が民間に比べて異常に高いということを強調している点にあります。その場合、論拠となっているのは、地方公務員の給与が国家公務員の給与に準拠する必要はないこと、そして、小規模な事業所や非正規労働者の賃金も加えたかたちで民間の給与に近づけるべきである、ということになるでしょう。そして、こうした主張は、この記事のタイトルの「身近な役場の人にも、国費は流れ込んでいる」という部分からもわかるように、国民が納めている税金が地方に無駄金として流れている、すなわち税金の無駄遣いであるという認識に支えられていると言ってよいでしょう。

ここに見られるのは、まず第一に中央の論理、都市の論理です。つまり、『アエラ』のこの記事の主張は、財政力の弱い自治体の職員に、国家公務員並みの給与を支払う必要はないということを意味しています。公務員が行う業務とそれに対する対価という発想はまったくありません。また、なぜ地方における民間の収入がこれほど落ち込んでいるのか、それはこの間の新自由主義的な政策による地方の疲弊の結果ではないのか、という視点も皆無です。結局、地域経済が疲弊している地方にはその身の丈にあった公務員を配置すればよいのであり、そこに国費をつぎ込むのは無駄であるという論理が横たわっています。

第二は、公務員給与の見直しが必要であるとしても、それをどのようなやり方で行っていけばよいのか、つまり、改革の手順や方法に関する問題はまったく触れられていません。このようなやり方ではたして公務員給与の改革を冷静に議論できるのでしょうか。また、職場における労働者の人権という問題は一切考慮しなくてもよいのでしょうか。当然、こうしたことも視野に入れて記事は書かれるべきではないかと思います。いかに地方公務員が「不当に高い給与」をもらっているかということをひたすら強調するこの記事は、地方公務員に対する不信、さらには怨念すら生み出すことにしかならないのではないかと思われます。

こうした市長の手法を大胆な改革の一手ととらえるマスコミの見方は、きわめて危険なものと言わざるをえません。それは、先に述べた個人情報保護や政策的な視点をまったく欠いたかたちで給与公表問題を取り上げているからです。また、給与を公表された役場職員の心境はいったいどのようなものか、という問題に踏み込もうという姿勢を欠いている点も問題でしょう。そこには著しく人権意識を欠いたマスコミの姿を見ることができると言っては言いすぎでしょうか。実は、阿久根市の今回の問題を通して見えてくるもう一つの問題は、現在のマスコミに巣くう深刻な危機ではないかと思います。この点については、第七章で改めて述べます。

●市長不信任案可決と市議会解散

二〇〇九年一月以降、竹原市長の言動は、マスコミ報道を通じて多くの人々の関心をひくことになりました。と同時に、市長と議会の対立が抜き差しならないレベルにまで達するようになったのが、この時期のことでした。阿久根市議会での市長不信任案の可決、市長による同市議会の解散と市議選をはさんでの出直し市長選へと事態が進んでいくことになったのです。

遅かれ早かれ提出されるだろうと思われていた竹原市長に対する不信任案が、阿久根市議会で全会一致で可決されたのは、二〇〇九年二月六日のことでした。この不信任決議に対して竹原市長は、議会解散に打って出ました。議会解散をうけて三月二三日に行われた出直し市議選挙は、一六議席をめぐって二三名が立候補しました。結果は、反市長派一一名が当選したものの、竹原市長を支持する候補者五名がいずれも上位当選を果たしました（このなかの一名の議員は、選挙後に竹原市長の言動に批判的になり市長派から離れていくことになります）。竹原市政を支持する強固な民意が存在することが示されたとも言えますし、他方でまた、議会構成上は依然として反市長派が多数を占めたことにより、出直し選挙以前と同様に市長と議会との対立が続くことが十分に予想されました。

●異例の人事異動

出直し市議会選挙と出直し市長選挙の間に、無視できない出来事が起こりました。それは人事異動にかかわる問題です。四月一日付で竹原市長は人事異動を行いますが、そこで二つの異例の人事異動を行います。

一つは市議会事務局職員の人事です。議会事務局職員については市議会議長に任免権があるのですが、出直し市議選直後の四月一日の時点では、選挙後の議会が開かれておらず、まだ市議会議長は不在でした。ところが、竹原市長は議会事務局職員の異動を行いました。三月二〇日頃に県市町村課に対して阿久根市側から問い合わせがあり、これに対して同課は「任免権者がいないのでできない」と回答したと報じられています（『西日本新聞』二〇〇九年四月二一日）。にもかかわらず、市長の判断で議会事務局職員の異動が発令されたのです。これは原理的に独立した機関である議会に対する介入と言わざるをえません。

同じ日に行われたもう一つの異例の人事異動は、一〇名の降格人事です。しかも、地方公務員法で定められている降格理由文書も公布されず辞令交付が行われました。降格となった一〇名のうち九名が降格理由文書を交付するよう竹原市長に請求しましたが、市長は「人事の一環であり理由書を交付する理由はない」と総務課を通じて伝えるにとどまりました。

ここには、あえて法令に反することを行い、また、そのことに対する明確な説明を行わないという竹原市長のスタイルが顕著に現れています。また、職員に対する人事権の乱用は、その後の懲戒解雇問題へと結びついていくことにもなります。

●貼り紙剝がし問題

いよいよ出直し市長選に突入しようかという時期に、ある事件が起きました。阿久根市役所内に貼り出されていた給与を記した貼り紙が剝がされたのです。

竹原市長は、失職する前日の四月一六日、各課長に対して課ごとの人件費を記した貼り紙を職場に貼るよう命じました。「○○課　○○○○万円（正規職員○○名分）」と記されており、「皆様のお役に立つ職場作りに努めます」という文言が添えられたものです。市長は「職員の自覚を促すとともに、市民にも何でもかんでも職員に頼めば額があがると感じてもらいたい」と、貼り紙の趣旨を述べています（『朝日新聞』二〇〇九年四月二〇日）。こうした貼り紙によって、職員の士気を高め、市民にも行政サービスにかかる経費について理解を得ようという趣旨なのでしょう。

しかし、職場に人件費を記した紙を貼ることが、職場環境の改善につながるのかどうか、疑問を呈さざるをえません。たとえば、銀行の窓口に行って、この窓口で働いている人たちの給与は総額いくらという貼り紙のもとで働かされているとしましょう。窓口の職員は、いったいどんな心境になるでしょうか。これもまた、税金で給与をもらっているのだから、公務員ならばこれくらい当然だ、ということになるのでしょうか。竹原市長は、しばしば民間との比較で公務員批判を行います。私は、単純な官民比較は問題をミスリーディングする場合もあるので慎重であらねばならないと考えています。しかし、この問題についてあえて民間企業と比較すると、はたして民間企業においては職場の士気を高めるために、こうした方法を採用するのでしょうか。私には、こうした扱いは公務員を奴隷視しているようにしか思えません。

事件は、その三日後に起こりました。一七日に竹原市長が失職した後、この貼り紙が剝がされたのです。一九日午前中に市長代行の総務課長が庁舎内を巡回した際に、すべての貼り紙が剥がされ総務課長席に置いてありました。この時点では、誰が貼り紙を剥がしたのかはわかりませんでした。しかし、職務代理者である総務課長は、翌日の臨時市議会で再び貼り出したい旨の説明を行い、貼り紙は再び各課に貼り出されることになりました。

竹原氏の市長失職中であったため、この時はこれで収まりました。しかし、出直し市長選挙で竹原氏が当選し、再び市長として阿久根市役所に戻って以降、この事件が大きな問題へとつながっていくことになります。

●出直し市長選挙

市議選終了後に招集された阿久根市議会は、四月一七日、市長不信任決議案を可決しました。これにより、竹原市長の自動失職となり、出直し市長選挙が行われることになりました。出直し市長選挙は、五月二四日告示、三一日投開票というスケジュールで行われました。

すでに出直し市長選挙を視野に入れていた竹原市長は、四月一一日に後援会を発足させ準備に入っていました。これに対して反市長派の側では、四月八日に田中勇一氏が対抗馬として立候補することを表明しました。田中氏は、国土交通省九州地方整備局川内川河川事務所副署長という経歴の持ち主で、公務員批判をバネに支持を集めていた竹原市長からすれば、公務員出身の田中氏は絶好の攻撃対象であったと言えるでしょう。選挙は事実上二人の一騎打ちになりました。竹原氏はミニ集会を中心とした選挙運動を展開し、田中氏側には反市長派の議員らを中心に、斉藤前市長も応援に駆けつけるなど、竹原市長から批判や攻撃を受けた勢力が運動を担いました。なお、地元の青年会議所などが中心となって五月二一日に公開討論会が開催されましたが、この討論会に竹原氏は欠席しました。

五月三一日の投票結果は、竹原氏：八四四九票、田中氏：七八八七票でした。接戦ではあったものの、阿久根市民が再び竹原氏に市政を託すという結果になりました。投票率は八二・五九％で、前回の市長選挙より七ポイント以上高くなっており、市民の関心の高さを示しています。また、竹原氏が獲得した票数は、前回の市長選で彼が獲得した票よりも約三千票上積みしており、市長就任後の竹原市長の政治手法に住民からの一定の支持があったことを選挙結果は物語っていました。

この出直し市長選挙で竹原氏に投票した人々の声をマスコミ報道から拾ってみましょう。「将来が不安。高齢者支援をお願いしたい」（七五歳・無職女性）、「一、二年では無理かもしれないが企業誘致を」（六〇歳・無職男性）、「高すぎる市職員給与の削減を急いで」（五九歳・会社員男性）、「宮崎県知事のように阿久根をもっとＰＲして」（八六歳・無職男性）、「一日も早く公約の保育料助成を」（三八歳・畜産業女性）（『読売新聞』二〇〇九年六月二日）。

このように、竹原氏支持の理由は様々ですが、市民生活に対する経済的な支援に対する期待や、そのための財源として市役所職員の給与の削減をという考え方があったことを窺わせるものです。選挙後に『毎日新聞』に掲載された担当記者分析は、選挙の流れに決定的な影響を与えたのは、職員給与公開であったのではないかとして、次のように述べています。「二月に竹原氏がした職員の給与公開が完全に流れを変えた。竹原氏は職員の高給批判に的を絞った。『市役所・議会批判以外に政策がない』との批判よりも、高給批判の方が分かりやすく言葉にも力があり、多くの有権者の心に強く響いたんだろう」(『毎日新聞』二〇〇九年六月二日)。この指摘に付け加えるとするならば、「高給」の職員給与をカットして、その分を住民の生活支援に回すという論理が、有権者の投票行動を左右することになったように思われます。

3 「ブログ市長」の暴走

●組合事務所撤去問題

五月の出直し市長選挙で当選した竹原市長は、当選後の第一声で「組合には出ていってもらう。市民の財産を食い物にしている」と述べました。そして六月一一日に、組合側に七月一〇日までに市役所庁舎内から退去するように通告します。このように、出直し市長選挙での当選後にまずもって行ったのが職員労働組合との対決でした。これには、失職中の貼り紙剥がし問題に対する竹原市長の強い憤りがあったようです。この点は、竹原市長が著書『独裁者』のなかで「この『事件』は、後々、私の市政改革の中心が、自治労との闘いへと大きくシフトしていく端緒となるのです」（一四七頁）と述べていることから推察されます。

これに対して阿久根市職員労働組合は、退去する正当な理由がないことから拒否し、裁判に訴えることにしました。また、この問題をめぐる団体交渉については、市民の出席を求める市長側と組合側の合意が成立せず行われませんでした。

組合事務所が役所内にあるというのは、そう珍しいことではありません。毎年首長と契約を交わし事務所を置いているというのがむしろ一般的なパターンです。労働組合法第二条は労働組合の定義を行っていますが、それによれば「『労働組合』とは、労働者が主体となつて自主的に労働条件の維持改善その他経済的地位の向上を図ることを主たる目的として組織する団体又はその連合体」であるとしたうえで、労働組合に該当しない事項を四つ挙げています。その第二項において「団体の運営のための経費の支出につき使用者の経理上の援助を受けるもの」とあり、つまり、使用者側からの便宜供与は受けてはならないと規定されています。しかし、組合事務所はそうした便宜供与とはみなされません。すなわち、同項は続けて、「但し、（中略）最小限の広さの事務所の供与を除くものとする」と述べており、職場内に事務所を置くことを基本的には認めているからです。

では、竹原氏の組合批判の論理はいったいどのようなものなのでしょう。一言で言えば、労働組合がこの間の議会や役場職員の既得権益を擁護する元凶であり、労働組合を排除することによって、竹原市長の進めようとしている「改革」に対する抵抗勢力を一掃することができるということにあります。付け加えるならば、元来市民の財産である役場建造物をそうした既得権益擁護団体である労働組合が占拠していることが市民を裏切る行為そのものであるという、いわゆる竹原流の「住民至上主義」の論理にも支えられています。

そして、こうした信念から、退去命令を出すに際して具体的な理由が付されることもなく、まさに一方的な通告というかたちで退去を命じたわけです。

これに対して組合側は、退去命令が一方的であり明確な根拠も示されていないことを理由に、鹿児島地裁に提訴し（六月二四日）、退去期日が迫った七月六日には許可取消処分の効力停止を申し立てました。鹿児島地裁は、七月一〇日に効力停止を決定し、一〇月二三日には退去通告がきちんとした手続きを踏んで行われたものではないとして組合側の主張を認める判決を下しました。

なお、翌一〇年二月二三日、竹原市長は組合事務所の使用不許可を通告し、組合側は三月八日に組合事務所使用許可を申請します。しかし、三月二五日、竹原市長は使用不許可を回答し、組合側は四月一日以降市役所外の施設を仮事務所として使用していくことになりました（この事務所使用不許可処分については、二〇一〇年五月一二日に組合側が鹿児島地裁に提訴し、裁判となりましたが、二〇一一年二月に和解が成立しました）。

●懲戒解雇処分

次に問題になったのが、竹原氏が失職中に起きた貼り紙剝がし問題への対応でした。誰が貼り紙を剝がしたのか。犯人探しが行われ、総務課長補佐が自ら名乗り出ました。そして、この行為についての処分が検討されることになり、それが思いのほか重い処分になりました。懲戒解雇処分です。処分は、七月三一日に下され、課長三人に対しても文書訓告や口頭注意がなされました。

実は、処分内容を検討する賞罰委員会での結論は、貼り紙を剝がした職員への処分は厳重注意相当というものでした。このような結論が出されたにもかかわらず、竹原市長はこれを無視するかたちで、最も重い処分である懲戒解雇処分を下しました。

貼り紙剝がしで懲戒解雇処分を受けた職員は、八月二六日、解雇の不当性を訴えて裁判を起こしました。一〇月二一日、裁判所はこれに対して、職員の職場復帰と給与支払いを市側に命じましたが、市長はこれを拒否します。竹原市長は「裁判所が『市長の命令に従わなくてもいい役所』にしてもいいのか。今後も市民のための市政を行うことに変わりはない」(『読売新聞』二〇〇九年一〇月二四日)と述べて、裁判所の命令に対する拒否感を示しました。こうした強硬な姿勢は、「裁判所は神様ではない」「裁判所も公務員」という市長の特異な考え方に支えられてもいました。一〇月二三日に鹿児島地方裁判所で行われた第一回口頭弁論終了後、竹原市長は報道陣に対して「自治の上に裁判所があるとは思っていない。自治労は裁判所の権力、破壊力を利用して権力闘争をしている」（『朝日新聞』二〇〇九年一〇月二四日）とも述べています。

裁判所による職場復帰と給与支払い命令が出されたことを受けて、一〇月二六日、懲戒解雇処分を受けた職員は職場である市役所に出向きましたが、総務課長から自宅待機を命じられました。その後、竹原市長が総務課長には自宅待機を命じる権限はないとして命令を撤回し、結局当該職員は宙ぶらりんの状況になってしまいました。竹原市長は一〇月二七日には、地裁命令を不服として福岡高裁宮崎支部に即時抗告を申し立て、職員の職場復帰も認めず、給与も支払わないという裁判所無視の事態が続くことになりました。このことに関連して、「仕事をしていない人間に給与を払うことはできない」とも市長は述べていますが、裁判所の命令に従ってこの職員に仕事を命じるのが筋であり、「仕事のない」状況をつくり出したのは市長自らにほかなりません。

●ブログ書き込みと障害者問題

「ブログ市長」で一躍有名になった竹原市長は、二〇〇九年一一月八日のブログに現代の医療や障害者問題に関する書き込みを行いました。これが一二月になってマスコミの報じるところとなり、障害者に対する差別的内容ではないかとの批判がなされることになります。竹原市長の書き込みは以下のようなものでした。

「勤務医師不足を解消する為に勤務医の給料を現在の一五〇〇万円程度から開業医（二五〇〇万円程度）に近づけるべきなどとの議論が出てきている。

しかしこんな事では問題は解決しない。医者業界の金持ちが増えるだけのこと。医者を大量生産してしまえば問題は解決する。全ての医者に最高度の技術を求める必要はない。できてもいない。例えば昔、出産は産婆の仕事。高度医療のおかげで以前は自然に淘汰された機能障害を持ったのを生き残らせている。結果、擁護《ママ》施設に行く子供が増えてしまった。『生れる事は喜びで、死は忌むべき事』というのは間違いだ。個人的な欲でデタラメをするのはもっての外だが、センチメンタリズムで社会を作る責任を果たすことはできない。

社会は志を掲げ、意志を持って悲しみを引き受けなければならない。

未来を作るために」（『独裁者』一八八～一八九頁）

竹原市長は、「私は『優生思想』の持ち主でもなければ、障害者の方々を差別しているわけでもない」と述べ、また、「私への批判を止めろとは言いませんが、『問題』の提起が議論の喚起に繋がることを願ってやみません」とも述べています（『独裁者』一八九頁）。

阿久根市議会ばかりか鹿児島県議会、そして障害者団体も抗議を行いました。たとえば、知的障害者の家族団体「鹿児島手をつなぐ育成会」の理事長は「障害児を必死で育てている親の気持をずたずたに引き裂いた。ナチス・ドイツがとった障害者や難病の患者を安楽死させる『優生政策』と同じ発想」と真っ向から批判しています（『南日本新聞』二〇〇九年一二月五日）。一二月九日には、鹿児島県社会福祉会、県ソーシャルワーカー協会、医療ソーシャルワーカー協会、精神保健福祉会が抗議声明を発表し阿久根市に送付しました。さらに一一日には、七つの障害者団体関係者三〇人が抗議のため阿久根市を訪問しました。しかし、市長はこれらの団体関係者と面会しませんでした。もしあえてタブーに挑戦し議論を喚起するのが目的であるのならば、抗議に訪れた当事者たちと面会し、真摯に議論をすべきではないかと思うのですが、一四日の市議会での答弁では「文の一部だけを取り上げ、誤解している。記述の訂正や謝罪をするつもりはない」と述べています（『南日本新聞』二〇〇九年一二月一五日）。

こうした竹原市長のかたくなな態度に対して、鹿児島県議会が一七日に、阿久根市議会が一八日に、それぞれ抗議の決議案を可決しました。阿久根市議会で決議案が採択された日には、地方議員のグループ「障害者の政治参加をすすめるネットワーク」のメンバー三名（熊本県議、熊本市議、大牟田市議）が抗議のために阿久根市を訪れました。市長はこの三名とは面会しブログの修正は行うとしたものの、「議論のきっかけになった。謝罪に値しない」と答え、また、障害者の権利を守るため法整備を掲げる彼らに対して「法律はいらない」とも述べたと報じられています（『南日本新聞』二〇〇九年一二月一九日）。

この差別記述問題について、竹原市長は『独裁者』のなかで、この書き込みについての自らの考えを述べる前に、書き込みから一カ月以上もたってマスコミが報じた裏に自治労による策動があったのではないかということを強く臭わせる文章を書いています。竹原市長の主張の特徴の一つに、自らの発言や行動に対する批判の背後に反市長グループの策動や陰謀めいた動きがあるということを、明確な根拠を示すことなく主張することがあります。この差別記述問題に関する『独裁者』の記述を読んでも、自治労にとって竹原市長がいかに邪魔者であるか、そして彼らが常に竹原市長を攻撃し陥れようとしているかという記述が続いた後、新聞記者が記事の出所を明確に答えなかったことを指摘し、そのすぐ後に「自治労の目論見は、一応の成功を見た」（一八四頁）と述べています。多分に憶測を交えた記述を行った後、自治労の策謀があったと断定的に述べるのは論理の飛躍としか言いようがありません。

また、この問題を記事にした新聞記者に対して竹原市長が情報源を尋ねたところ、口を濁したことをもって、この記事の背後に政治的策略があったことを示唆しています。しかし、もし竹原市長の質問に対して情報源を明かすような記者であったら、それは記者として失格であり、その記者が何も語らなかったのは当然といえば当然のことなのです。

この問題に示されるように、竹原市長の主張のなかには、彼に対する批判の背後に彼を追い落とそうとするグループや集団の策謀や意図があるかのようなものがしばしば見られます。おそらく、竹原市長に対する批判が各方面からなされればなされるほど、それは竹原市長を追い落とす勢力の企みであり、そうした周囲の攻撃に敢然と立ち向かう竹原市長こそが正義だという考え方があるのでしょう。おそらく私のコメントや、あるいはこの本自体も、そうした策謀の一つとされるのかもしれません。しかし、異なる意見や立場に対して、あるいは竹原市長の言動を批判する立場に対して、それらはすべて「改革」を阻止しようとする勢力の企みや策謀であるという考え方に立つ限り、様々な問題について議論を闘わすこと自体できないことになるのではないでしょうか。

●職員への圧力

さて、貼り紙剝がし問題で職員を懲戒解雇処分にし、裁判所の命令が出たにもかかわらず給与の支払いを拒み続けた竹原市長は、職員への締めつけを一層強めていきました。

一二月一五日には、「職員の賞罰に関する規定」の改正が明らかにされました。この改正によって賞罰委員会の委員長、委員の任命権者が市長となり、招集権者も市長になりました。貼り紙剝がし問題で賞罰委員会の結論を無視して実際に懲戒解雇処分を行ったことを考えれば、賞罰委員会そのものを市長の意のままにできるようにしたわけですから、職員はまさに生殺与奪の権を完全に竹原市長の手に握られた状態になったと言ってよいでしょう。

このような人事権の完全掌握による締めつけの効果は、すぐに現れました。この日の議会で、竹原市長は、市内の民間所得状況の把握のため、課税情報に関する資料提出を求めました。この市長の要求に対して税務課長は「税務情報は課税の前提として収集したもの。個人情報保護条例上、収集目的外の利用は認められていない。個人情報審査会の意見を聴いて判断する必要がある」と答え資料提出を拒否しました。これに対して市長は「命令に従わない職員だから処分を検討する」と述べ、人事権をちらつかせました。結局、税務課長は個人情報にあたる部分を伏せたかたちで資料を提出しました。もちろん、個人情報審査会は開催されていません。ここに見られるように、まさに恐怖による支配が市役所をおおうことになります。

そのようななか年末から年明けにかけて、竹原市長の職員に対する圧力はさらに強められていきました。年末には突然定期昇給の停止を決定し、年明けの仕事始めの式のなかでは、「給料が上がらないのは不当だと訴訟を起こすような職員はいらない」と述べています（『毎日新聞』二〇一〇年一月五日）。

職員への圧力は、住民公開の場でも行われました。三月一四日の市長主催の市民懇談会がそれです。竹原市長は八名の市職員にこの懇談会への出席を命じました。八名の内訳は市職労役員四名、〇九年春の降格人事について公平委員会に不服申し立てをした三名、そして反市長派市議の親族職員一名でした。彼らは出席を拒否すれば処分される恐れがあるという理由から出席に踏み切ったといいます（『毎日新聞』二〇一〇年三月一五日）。八名の職員に対して市長支持派の市民が「市長の改革に協力するか」との質問がなされました。これに対して八名は「法に違反しない命令なら従う」と答え、これに対して市長は「自衛隊では上司の思いを忠実に感じ取って成果を上げるように教わった」と述べたといいます。つまり、阿久根市役所の職員は、市長が何を考えているのかあらかじめ察知するように努力しなければならないということです。これでは、市長の周囲はイエスマンばかりになり、すべての判断基準が市長の考え方次第ということになってしまいます。こうした独善的な態度に対して懇談会では、市長支持の意見ばかりでなく、市長に批判的な意見も飛び出すなど、かなり混乱したかたちで終わったといいます。

●「改革派」首長と行政組織

ここで自治体の首長と職員の関係について考えてみましょう。民主党政権が誕生した際に「政治主導」という言葉が頻繁に使われましたが、これは政(政治)と官(官僚)の関係、いわゆる政官関係の問題として、これまでにも様々な議論がなされてきました。地方自治体の場合にも、選挙で選ばれた首長と、役場職員の関係は、一種の政官関係にあたります。お互いが一定の緊張関係をもちながらも、どのように相互の能力を発揮して政策を実施していくのかが問われるわけです。民主党政権の失敗の一因として、「政治主導」が「政治家主導」になってしまい、官僚の力を有効に引き出すことができなかったという点が指摘されていますが、緊張感をもったうえでの協力関係の構築というのはそう簡単なことではないのかもしれません。

竹原市長の場合、地方公務員に対する評価が限りなくゼロに近い、あるいはマイナスといってよいほど低い評価をしている点が特徴的です。『独裁者』のなかの次の一節は、このことを端的に示しています。

「国家公務員については確かに天下りや『わたり』などへの批判がありますが、何より地方公務員と異なるのはその質です。国家公務員を誉めそやすわけではないが、地方公務員は彼らに比べれば圧倒的に能力が低いと言わざるを得ません。

中央政府では政権交代に伴い、行政の市場化テストを活発に行っていますが、殊、地方においてはPFI方式などのように部分的に行政サービスを民間に委ねても根本的な解決になりません。私は、役所を完全民営化することを真剣に目指しています。

高度な専門知識を必要とする中央官庁の行政実務とは違い、多くの一般の人々が感じているように地方公務員の仕事など誰でもできます。ならば、民間の人材を登用するほうが遙かにメリットは大きい。」(二四六~二四七頁)

このように、そもそも「地方公務員の仕事など誰でもでき」るという見方が竹原市長にはあります。それに加えて、役場職員は自治労という組合組織の一部であり、利権集団という見方がありますので、職員に対する信頼や期待などもちえないということになるのでしょう。

首長と職員の関係について、他の「改革派」首長と呼ばれる人たちの見方を見てみましょう。宮崎県の東国原知事の場合、自治体職員に対する評価は、むしろかなり高いものになっています。彼は次のように述べています。

「県庁職員と働くようになって実感したのは、想像した以上に彼らが勤勉で忠実ということだ。行政実務の大部分は、国から政令や省令で義務づけ、枠づけがなされている。あるいは地方自治法、地方公務員法などさまざまな法律で縛られている。まず、そういう規則に対してきわめて忠実だ。(中略)

この優秀な人たちを活かすも殺すも首長次第という感じがする。

法令の範囲内ではあっても、スピード感を保ちながら、想像力を発揮し、可能なかぎりフレキシブルに仕事をしていく。それがいまの課題だと思う。」(東国原英夫『知事の世界』幻冬舎新書、二〇〇八年、五九頁)

東国原知事ももちろん、自治体職員を手放しでほめているわけではありません。親方日の丸的な体質や前例主義など、自治体職員あるいは公務員の世界の悪弊についても同じ本のなかで指摘しています。しかしながら、引用した文章にあるように、公務員の長所は長所として認め、それをいかに伸ばすかは首長の力量にかかっている、というのが東国原知事の認識です。

では、今や「改革派」首長の代表格となっている橋下大阪府知事の場合はどうでしょうか。彼が就任の挨拶で職員たちに対して発した「倒産企業の従業員」という言葉は、マスコミを通じて非常に有名になりました。東国原知事に比べると公務員批判、職員批判の厳しさでは竹原市長に近いと言ってよいでしょう。就任後のインタビューで、「大阪府は破産状態と同じですから、職員はその従業員であるという覚悟を持ってもらいたい」と述べたのは有名な話です（田所永世『中間報告橋下府知事の三六五日』ゴマブックス、二〇〇九年、三七頁）。橋下知事の場合、彼のメディア戦略とも絡んで、公務員バッシングの一端を担っているとの指摘もあります（一ノ宮美成＋グループ・K21『橋下「大阪改革」の正体』講談社、二〇〇八年、五三頁）。ただし、竹原市長の場合、地方公務員全体をまったく能力のないものと切り捨てており、公務員批判を超えて公務員の完全な否定の立場に立っていると言っていいかもしれません。

●議会欠席

第一章で紹介したように、二〇一〇年三月の阿久根市議会は大荒れに荒れました。三月定例議会の初日、竹原市長は、彼が取材を拒否してきたマスコミ（具体的には、南日本新聞、朝日新聞、毎日新聞、読売新聞、NHKの五社）を議場に入れないよう市議会議長に申し入れ、この申し入れを議長が拒否したため、市長が議会出席を拒否したのです。

竹原市長は地元のマスコミの取材には応じていませんが、隣県熊本県の『熊本日日新聞』のインタビューに応じています。この記事によれば、「報道の抑圧ではないか」との質問に対して、「誤解だ。議会は規則で市民の撮影、録音を許していない。これを認めるのが第一の要求。五社には、撮影だけを『お仕置き』として断っている」「私企業であるマスコミの報道に自由が許されていいとは思わない」と述べています（『熊本日日新聞』二〇一〇年三月一八日）。

市長派の議員たちは、マスコミすべてを拒否しているわけではないので議会が歩み寄るべきではないか、という主張をしました。あるいはまた、竹原市長自身もそのように主張していますが、議会が開かれた議会であるべしと言うのならば、市民に撮影を許可すべきであり、それもしないでマスコミ拒否を批判するのはおかしいという主張も行いました。

自ら招集した議会であるにもかかわらず、端から議会に出席しないこと自体が大きな問題ですが、同時にまた、マスコミを議場から排除する理屈も非常に問題でした。まず、なぜマスコミを排除するのか、しかも特定のマスコミのみを排除するのかという問題です。結局、繰り返し市長が言うところの「マスコミはウソを報じる」というのが理由なのでしょうが、今回は議場へのマスコミの立ち入り禁止です。市長への取材とはちがい、一般市民が傍聴し議会と市長が議論を展開する場への取材の拒否です。この理屈を認めれば、たとえば、総理大臣が「あのマスコミは問題だ」として国会への出入りを拒否することを認めることになります。

すべてのマスコミを拒否しているわけではないからよいではないか、という市長派議員の主張もまた、まったく理解できません。どのマスコミを許可し、どのマスコミを拒否するのか、明確な基準が示されているわけではありません。基準は竹原市長の判断のみです。こうしたきわめて恣意的な根拠で選別することを、議会の構成員である議員が主張するのは議会の自殺行為ではないかと思います。

さらに、市長の申し入れを拒否した議会に対して、一般市民の撮影を認めるべきという議論を持ち出していますが、これは論理のすり替えでしかありません。マスコミが議場に入り取材し報道するのは、不特定多数の人々がその報道を通じて議会で何が行われているのかという情報を得ることにつながるからです。読者や視聴者の数には違いがあるものの、マスコミ各社は不特定多数の人々に情報を提供することを使命としています。このマスコミの取材を拒否するか否かという問題と、一般市民の撮影を拒否するか否かという問題とは次元が異なります。もし一般市民の撮影を許可したとしても、マスコミの取材を拒否する理由にはなりません。

と同時に、マスコミに対する取材拒否は、結局市長の判断以外の根拠がないわけですが、仮に一般市民の撮影を認めた場合、市長の意に沿わない映像をとり、市長の意に沿わないようなかたちで映像を利用した市民がいた場合、どのように対処するのでしょうか。マスコミと同じように「ウソをつく」市民は議場から排除することになるのでしょうか。

このように考えてくると、そもそも竹原市長や市長派議員は議会の公開の原則をまったく理解していないと考えざるをえません。

ただし、こうした議会欠席の理由がマスコミの問題だけにあったのかどうか、疑問も出されています。『毎日新聞』によると、議会開会前の二月中旬、反市長派の市議に竹原市長から電話があったといいます。電話の中味は「早く不信任案を出してくださいよ」というもので、電話を受けたこの議員は驚いたと言います（『毎日新聞』二〇一〇年三月一四日）。この話が事実だとすれば、竹原市長は、なんとか議会から不信任案を出させて、二〇〇九年と同じように再度の議会選挙ないしは市長選挙を行い、住民からの三度目の信任を受けるかたちにしたかったのではないか、とも思われます。こうした方略のゆえに議会との対立をさらにエスカレートさせたのではないか。もし、この推測どおりだとすると、まさに政争のための道具として議会欠席を行ったことになります。そして、このような推測があながち外れていないのではないかと思われるのは、実は竹原市長自身の発言にあります。三月一四日の市民懇談会の席で、竹原市長は「なぜ議会への出席を拒否するのか」との質問に対して「議会との駆け引き」と答えているからです（『毎日新聞』二〇一〇年三月一五日）。

市長が「議会との駆け引き」として欠席戦術を用いる延長線上に、市長派議員の不思議な行動があります。市長派議員とされる四名は、自らが支持する竹原市長の不信任決議案を提出したのです。彼らは同時に議会自主解散決議案も提出しますが、この二つの議案は相矛盾するものと言わざるをえません。決議案を提出した議員の一人は「議会と市長の現状では、冷静な議論ができない。議会を解散して市民の信を問うべきだ」と説明し、また、もう一人の議員は「不信任案に反市長派が反対すれば、市長を信任することになる」と述べています（『南日本新聞』二〇一〇年四月一三日）。こうした市長派議員の行動は、常識的にはきわめて理解しがたいものです。ここからは、とにかく議会と市長の対立を鮮明にし、議会の解散ないしは市長選挙に持ち込みたいという意図しか察し取ることができません。結局、市長不信任決議案に対しては、提案者も含め反市長派議員も否決する投票を行いました。議会は、まさに政争の具に堕してしまったことを象徴する出来事であり、これは三月から続く市長の議会欠席の延長線上にあったと見るべきでしょう。

4 高まる批判

これまで見てきたように、出直し選挙で再選された後の竹原市長は、一層独断専行的なやり方を強めていったと言わざるをえません。こうした状況が続くなか、様々な批判が巻き起こることになり、ついには阿久根市の住民のなかからリコールの運動が始まることになります。しかし、こうした市長批判の高まりに対して、竹原市長側も様々な対応策を講じ、事態はますます混迷の度を深めていくことになります。この過程を見ていくことにしましょう。

●専決処分

議会欠席を続けるなかで竹原市長が述べた言葉に、「議会には参加させない」という言葉があります。議会を完全に無視するということですが、その延長線上で竹原市長がとった行動が立て続けに専決処分を行うことでした。

まず最初に行ったのは、花火規制条例の制定でした。そして次に市職員のボーナスの半減、市議会議員の日当制など、次々と専決処分を行っていくことになります。花火規制条例以降に竹原市長が行った専決処分による条例改正は次のようなものです。

・市長等の給与に関する条例の一部を改正する条例
・阿久根市議会議員の議員報酬及び費用弁償等に関する条例の一部を改正する条例
・一般職に属する職員の給与に関する条例の一部を改正する条例
・阿久根市議会議員の議員報酬及び費用弁償等に関する条例
・阿久根市手数料条例の一部を改正する条例
・阿久根市税条例の一部を改正する条例
・阿久根市非常勤職員の報酬及び費用弁償に関する条例の一部を改正する条例
・市長等の給与に関する条例の一部を改正する条例

また、これらの条例改正以外に六月七日には、約九三〇〇万円の補正予算を専決処分で決定しました。

本来専決処分とは、議会を開く時間的な余裕がなく、しかしながらきわめて緊急性を要する事案が発生した際に、首長が行うものです。これは議会を無視するために設けられた制度ではありません。なぜならば、専決処分は事後的に議会の承認を得ることになっているからです。専決処分はあくまで緊急性・重大性という観点にたって行われねばならない緊急避難的な方法なのです。したがって、議会を開催する時間的な余裕があるのに、あるいはまた、それほど緊急性を要する事案でもないのに専決処分を行うということは、明らかに専決処分の乱用にあたります。こうしたことが頻繁に行われるならば、竹原市長の言うように議会は不要ということになります。

●裁断された上申書

六月二五日、阿久根市役所の職員約二〇〇名が署名した上申書が総務課長に提出されました。課長職ら管理職約二〇名と病欠や出向者らを除く一般職員のほぼ全員が賛同した上申書です。上申書では、「これまで行われた専決処分は、議会招集を行わないままなされたものであり、法が定める手続きに照らすとき疑問を禁じ得ないもの」と専決処分の違法性を指摘し、六月八日に市議会から臨時議会招集の請求があったことを指摘して「請求後は、専決処分によることなく、議会を招集して議案を提案すべき義務が発生している」とも指摘しています。そのうえで、「目的はそれ自体においてのみ正当化されるものではなく、民主主義社会にあっては適正な手続きを経て達成されるべきもの」と主張しています。そして市職員の法令遵守の立場を以下のように説明しています。

「私たち市職員は、法令に基づき、法令を遵守しながら、住民福祉の向上を目指して、地方自治行政に関する事務に従事しています。法令遵守は私たち職員の基本的な責務であります。そして、行政における法令遵守の上で疑義がある場合に意見を申し述べることは、私たちの使命であると考えております。」

上申書はこのように述べて、専決処分ではなく、議会による議決を得て処理していくことを求めています。

この上申書は、労働組合という組織ではなく、まさに市役所職員個々人が自らの意思を反映させた意見書であり、きわめて重要なものと言ってよいでしょう。

地方公務員には職務専念義務、法令順守義務、守秘義務など、住民全体の利益のために中立・公平な立場を保持するためのいくつかの義務が課せられています。阿久根市職員が提出した上申書では、とくに法令順守義務が強調されています。竹原市長の議会欠席が続くなかで、議会答弁もすべて禁じられたことや、専決処分による決定という法的手続きを欠いたものを自治体職員として執行していかざるをえないことなど、法令違反の疑いが濃厚であるにもかかわらず、上司の命令によって職務を遂行せざるをえない状況が続いたことを反映した内容といえます。上司の命令に違法性が高い場合、自治体職員はどのようにすればよいのか。この問題について、あるテキストでは次のように述べています。

「(自治体職員は) 職務遂行で上司の命令にしたがわなければならない。これは、組織の論理である。行政の一体性確保のためには、上司から部下への命令系統が円滑に働く必要性があるからである。だが、違法な命令は問題である。たとえば、違法性が重大で、一見して明白な時に命令にしたがう必要はない。」（橋本行史編『現代地方自治論』ミネルヴァ書房、二〇一〇年、一七二頁）

法的にも、また本来の自治体職員のあり方からしても、右記のとおりですが、阿久根市の場合、市長が人事権を意のままに行使している状況にあるので、違法な命令に対して職員が拒否することはきわめて困難でした。上申書の提出は、上司の命令と法令順守義務の狭間に立たされた職員たちの苦境を反映するものでもあると言えるでしょう。

なお、上申書が提出されたのと同じ日に、阿久根市職員労働組合は、適正な行政運営を求める声明書を発表しました。

人事権を完全に握り、機会あるごとに解雇をちらつかせる首長に対して、異を唱えるというのは相当に勇気のいることでありますし、職員の合意がきちんとなされなければなりません。その意味で、上申書の提出には、相当なエネルギーが必要であったと思われます。

こうして提出された上申書に対して、竹原市長は受け取りを拒否し、「シュレッダーにかけろ」と総務課長に命じました。上申書はその場では破棄されず、いったん保管されることになりましたが、七月二日、竹原市長は再び同様の命令を下し、上申書はシュレッダーにかけられました。

●国と県の関与

議会を欠席し、専決処分を乱発し、そして議会の招集すらしないという竹原市長の行動に対して、国と県もなんらかの行動を起こさなければならないという状況になっていきました。地方自治の本来的な考え方から言えば、地方自治体の自主性は最大限尊重しなければなりません。したがって、国や県は市町村の上級機関ではなく、対等の政府として振る舞わなければならないというのが基本になります。そのため、地方自治法には、市町村に対する国や県の関与はきわめて制限されたものになっています。

この点についての地方自治法の定めを簡単に見ておくことにしましょう。

地方自治法の第一一章（「国と普通地方公共団体との関係及び普通地方公共団体相互間の関係」）では、国や県が市町村に対してどのような関与をなしうるのかが定められています。その場合、関与の原則として「普通地方公共団体の自主性及び自立性に配慮しなければならない」として最大限当該自治体の自主性・自立性を尊重することをうたっています。このことを前提としながらも、「地方公共団体の事務の処理が法令の規定に違反しているとき又は著しく適性を欠き、かつ、明らかに公益を害しているとき又は当該普通地方公共団体がその事務の処理を怠っているとき」に、是正の要求、勧告、指示などを行うことができるとされています。

このように地方自治法上、市町村に対する国や県の対応はきわめて抑制的なものとなっており、このことは分権改革が進められようとしている現在、当然のことと言ってよいかもしれません。その場合、国も県も市町村も、基本的には法令や基本的なルールを守りながら行政を行っていくことが前提であることは言うまでもありません。

●国会審議

すでに、貼り紙剥がし問題による懲戒免職処分とその後の裁判所による命令の無視という問題について、国も阿久根の問題を異常な状態と考えていました。そして、このような場合、地方自治の原則との兼ね合いで国と県はどのような対応をすべきなのか、あるいは、どのような対応をしうるのか、という問題が国会でも審議されるに至ります。

二〇一〇年二月二五日の衆議院予算委員会第二分科会において、懲戒解雇問題に関する質問に対して、原口一博総務大臣は以下のように答えています。

「自治体の人事管理は法律に基づき適法な対応がとられなければならない。そして、それに違反した場合は、今委員がお話しのように、地方自治法第二百四十五条の五で、総務大臣は、担任する事務に関し、市長村長の担任する事務の処理が法令に違反していると認めるときなどは、都道府県知事に対して、当該事務の処理について違反の是正または改善のための必要な措置を講ずべきことを当該市町村に求めるよう指示することができるとされております。」

このように地方自治体の人事に関する基本的な考え方を述べたうえで、原口総務大臣は「係争中の事案」なので「個別の案件について私が申し上げることは今は控えたい」と慎重な姿勢を示しつつも、「一般論で申し上げますと、やはり労働者同士を離反させたり、市民同士を離反させる、すべての政治家は、これは国家もそうですけれども、労働者の権利を保障する、これは政治の一番優先する課題でもあるわけですね。そのことを放棄する政治というのは政治の体をなしていない、私はそう考えております」と述べ、この間の竹原市長の政治手法そのものに対してきわめて批判的な見解を述べています。

さらに三月二三日には、懲戒解雇問題に対する質問に対して、小川淳也大臣政務官が「阿久根市政の動向につきましては、私どもも大変心配をして拝見しております」というように関心の高さを示しています。そのうえで「給与明細の公表や、あるいは貼り紙をはがしたことを理由にした懲戒処分、さらにその後の訴訟への展開、また庁舎内での撮影禁止あるいは議会への出席拒否等々、報道を通じてはもちろんでございますが、必要に応じ鹿児島県からの情報提供などを通じて、その事態の把握に努めている」と述べ、あくね問題に関して県と国が相互に情報交換を行っていることを示唆しました。

さらに、議会への出席拒否や説明拒否の問題に関する質疑のなかでは、渡辺周総務副大臣が

「第一義的には、まず当該する自治体の中で是正をしていただく問題であり、その次に、まずは都道府県知事」として、まずもって県の関与が検討されるべきことを示唆しました。また、原口総務大臣は「地方公共団体の長が仮に違法な事務処理、活動を行った場合に、最終的にどのような適法性を確保するかという議論も大変大事」と述べて、違法状態に対する国のさらに踏み込んだ関与の可能性を示唆しました。この点については、四月八日の衆議院総務委員会において、さらに踏み込んだかたちで原口総務大臣が自らの見解を示しています。すなわち、「地域主権型社会において地方の判断と責任が尊重されるべきですけれども、現行制度が用意する手段でもなお違法状態が是正されない、こういう場合に最終的にどのような適法性を確保するかという観点は極めて重要」とし、政務三役で「様々な適法性を担保する措置について更に強化することがあるのかないのか、そのことも含めて議論をしているところでございます」と述べています。つまり、違法状態が続いた場合の国の積極的な関与のあり方を模索しているということです。原口総務大臣の発言は、阿久根の事態が、逆に地域主権の担い手としての自治体の能力に疑問を投げかけることにつながり、自治体への国からの関与を強めることにつながっていきかねないことを示しています。

●鹿児島県の助言と勧告

国会での審議からもわかるように、阿久根の事態を国の側も異常な事態と捉えてはいるものの、具体的な関与を行うには慎重でなければならないという姿勢が基本的には示されていました。そうしたなか、鹿児島県はついに阿久根市に対して地方自治法で定められている関与を行うことになります。

まず最初の段階として、六月二二日に、鹿児島県は助言を行いました。これは、県が行う関与のなかでも最も軽いものです。六月二一日の段階で、伊藤祐一郎鹿児島県知事はなんらかのかたちでの行政指導を行うことを示唆しました。そして、二二日に出された助言のなかでは、①臨時議会の招集、②引き下げられた固定資産税の回復、③議員報酬と職員給与に関する条例改正の見直し、の三点が要請されていました。伊藤知事は記者会見のなかで（阿久根市の現状は）「極めて異常で、市の業務運営を懸念している。県がこのような手段を取らざるを得なかったことの重さを、竹原市長は十分感じてほしい」と述べました。地方自治の本来のあり方からして県が市町村の自治の現場に口出しをするという、こうした手段はなるべく取るべきではないという知事の苦渋を読み取ることができます。

さらに伊藤知事は、二五日に県庁で竹原市長との会談を行いました。会談時間は予定を大幅に上回る一時間一〇分になりましたが、県の助言を竹原市長が受け入れることにはつながりませんでした。会談後の伊藤知事は「地方自治という土俵の外で相撲をとっている」と竹原市長を批判しますが、竹原市長の方は「知事もしょせん役人」とブログに書き込むなど、平行線をたどりました。

七月二日、伊藤知事は是正勧告を出しました。勧告は、臨時議会の速やかな招集を求めるものでした。記者会見で知事は「法治国家で違法状態が生じている。首長は法律を守る立場であり、勧告せざるを得なかった重たさを十分理解してほしい」と述べました（『南日本新聞』七月三日）。しかし、この県の勧告に対しても竹原市長は完全に無視する態度を続け、それどころか一般会計補正予算九三〇〇万円を専決処分するなど、さらに強硬な姿勢をとることになります。そのため、知事は二三日に、一連の専決処分に関して再度勧告を行いました。二度目の勧告を出した後の記者会見で伊藤知事は、住民によるリコールしかないのではないかといったかなり踏み込んだ発言まで行っています。すなわち、竹原市長のまったく法を無視したやり方に対し、そして助言と二度にわたる勧告をまったく無視されたことから、竹原市政のあり方そのものに強い不快感を示したと言ってよいでしょう。

●リコールへの動き

阿久根市の住民のなかにも変化が起こってきました。竹原市長は自らのブログのタイトルを「住民至上主義」としていますが、その住民のなかから竹原市長に対する批判の声が起こってきたのです。

住民と一口に言っても、様々な立場や価値観をもった住民がいます。その意味で住民とはそもそも大変幅広いもので多様なものです。したがって、竹原市長をずっと支持する住民がいることも事実ですし、そのような住民がいてもおかしいことではありません。しかし、竹原市長の言動が過激さを増し、また独断専行の姿勢が強まっていくにつれて、竹原市長のやり方に対して疑問をもち、さらには批判をする住民が登場してきたのもまた事実です。

一つの変わり目は、二〇〇九年の障害者に関するブログ書き込み問題に対する竹原市長の対応にありました。この時、地元阿久根市の団体を含め多くの障害者団体が抗議に訪れました。抗議に訪れた人々は、ブログへの書き込みについて謝罪どころか面会もしない市長に対して、強い不信感を抱くことになります。「阿久根の将来を考える会」の活動に参加した西平良将氏もその一人です。障害をもつ子どもの父親である西平氏は、ブログの書き込みを読んだ時に、「機能障害を持ったの」という言葉に「うちの長男は、モノか?」と感じたそうです。そして、竹原市長の施策のなかの学校給食の半額化やごみ袋の半額化は、「有権者にとっては聞こえがいい政策だが、どちらに対しても財源を疑問」に思ったとのことです（『朝日新聞』二〇一〇年七月一〇日）。

竹原市長の政治手法や政治姿勢に批判をいだく住民たちは、二〇一〇年一月二八日、「阿久根の将来を考える会」を発足させました。発足式には若手会社員ら約五〇名が参加し、会長には市内で自営業を営む川原慎一氏が就任しました（『毎日新聞』二〇一〇年一月三〇日）。同会は、三月議会への欠席を続ける竹原市長に対して三月九日に議会出席を求める嘆願書を提出しました。

この会の活動が本格化するのは五月に入ってからでした。一七日から二九日までに市内七か所で住民懇談会を行い、そこで阿久根市政の現状について率直に住民の意見を交換することとしたのです。市長対議会という対立の構図にとらわれるのではなく、この間の混乱を住民目線でどう見たらよいのか。第一回目の懇談会で川原会長が「私たちは阿久根市に何を望むのか。市長の賛成派、反対派ということではなく、市民の声を聞きたい」と挨拶したことからもわかるように、なるべく自由に意見を交換するやり方で懇談会は進められました。

このように住民懇談会は当初、必ずしも明確な運動の方向性を打ち出していたわけではありませんでした。市長を支持する意見を述べる住民もおり、また議会が不信任決議を出すべきという意見を述べる人や、リコールをやるべきという人など、様々な意見が交わされました。しかし、六回の住民懇談会を重ねるなかで、阿久根市政の混乱を深刻に受け止めている住民が非常に多いこと、また、住民懇談会の参加者に対して行ったアンケートの結果、竹原市長の裁判所を無視した行動や議会出席拒否について「支持しない」と回答した人が九七％にものぼったこと、などを受けて、最終回となった第七回住民懇談会で、リコール運動へと進むことが決定されました。この日の住民懇談会には約三〇〇名が集まり、リコール準備委員会を発足させたのです。

リコール準備委員会が作成した「なぜ竹原信一市長をリコールするのか」という文書は、竹原市長の「やり方はあまりにも独善的」であるとし、この間の竹原市長の様々な言動を批判しています。また、単に独善的な政治手法を問題にするばかりでなく、「市の将来計画も示されない状況の中で、市民に都合の良い部分のみ説明し、負の部分を隠す今の市長のやり方は財政問題を含め、将来的に大きな危険をはらんでいます」と述べて、竹原市長の施策が中長期的な展望に立ったものではないのではないか、との見方も示しています。

ちょうど参議院選挙を七月に控えていたために、選挙終了を待たなければ本格的なリコール活動はできませんでした。そのため、準備委員会は集落ごとの説明会を積み重ねていくことになります。六月二八日から七月二三日まで、阿久根市内六一か所で住民説明会を実施しました。その過程で、リコールの署名活動の際に必要となる受任者への希望を募りますが、一回の住民説明会で平均五人程度が受任希望者になり、着実にリコールへの動きが市民の間で浸透していることを示していました。

●「副市長」選任

住民によるリコールの動き、国や県からの関与の動き、といった阿久根市内外からの竹原市政に対する批判的な動きが高まっていくなかでも、竹原市長は専決処分を繰り返し行っていきました。そして、七月二五日、元愛媛県警の警察官で在職時に同県警の裏金作りを内部告発したことで有名な仙波敏郎氏を専決処分で副市長に選任することを発表しました。

それまで竹原市長が乱発していた専決処分自体も違法性の高いものですが、副市長選任はさらに大きな問題を含んでいました。地方自治法第一六二条において「副知事及び副市町村長は、普通地方公共団体の長が議会の同意を得てこれを選任する」と明記してあるからです。したがって、そもそも専決処分になじむものではないと言ってよいでしょう。勧告をまったく無視されたかたちとなった伊藤鹿児島県知事は、「(選任された副市長は)阿久根市の職員としては任用されたが、議会の議決を経ていないものが法的に副市長といえるのか。私は否定的だ」(『南日本新聞』二〇一〇年七月二七日)と述べ、副市長選任上の法的な瑕疵《かし》を重大視する見解を述べています。

「副市長」就任を受諾した仙波氏は、仙波氏の地元新聞である『愛媛新聞』のインタビューに答えて、専決処分による「副市長」選任については、「専決処分が違法なら私は受けない。適切かどうかの判断であり、前例や判例がなく現時点では問題ないと判断した」と述べています。しかしながら、判例がないからという理由で、法律の条文に明記していることに反した行為を行ってよいとするならば、法の安定性や信頼性を著しく損なうものと言わざるをえません。

一方仙波氏は、市長に対しては「是々非々でやりたい」と述べ、また「今後の議会は、あくまで議会制民主主義を尊重したい。今の段階では、議会が開かれておらず問題だ」とも述べています（『愛媛新聞』二〇一〇年七月二六日）。であるならば、「副市長」就任を受諾する際に、竹原市長に対して就任の条件として議会を開会し副市長選任への議会の同意を得ることを条件とすることも可能ではなかったかと思います。

●「住民」と「公益」

仙波氏の「副市長」就任後、早速実行に移されたのが、貼り紙剝がし問題で懲戒解雇処分を受けた職員の職場復帰でした。裁判所による効力停止を受けるかたちで、職員は八月三日付で副市長付主幹兼行政改革推進担当係長という新たに設けられた役職につくことで復職しました。さらに、八月五日、仙波「副市長」は、八月下旬に議会を招集することに竹原市長が同意したことを明らかにしました。このように、仙波「副市長」就任後、それまで竹原市長が行ってきた法令無視や議会無視のあり方に修正が加えられ始めました。

しかし、ここには大きな問題がはらまれていたと言わざるをえません。何よりもまず、懲戒解雇処分を受けた職員の復職にせよ、議会の招集にせよ、すべて仙波「副市長」の進言を竹原市長が受け入れたというかたちで行われたことです。しかも、これらの決定について、竹原市長本人はまったく説明を行っていません。

市長自らが説明をしていないばかりではなく、これまでの経緯についてどのように考えた結果、軌道修正するに至ったのかという点がまったく不明であることも非常に大きな問題です。たとえば、懲戒解雇処分を受けた職員の復職については、あくまで裁判所による効力停止命令に応じただけであり、処分の正当性をめぐってはその後も裁判が続きました（この裁判は、九月一七日に高裁宮崎支部が市側の控訴を棄却、一〇月一日には市側が上告を断念しました）。したがって、職場復帰をした時点について言えば、賞罰委員会の決定を無視して懲戒解雇処分という最も重い処分を下した市長の判断そのものは間違いではなかったが、効力停止命令にはとりあえず従わざるをえない、という考えであったことになります。

また議会の招集についても、これまで議会欠席を続け、専決処分を繰り返し行ったことについての説明は一切なされていません。加えて、県による助言と二度の勧告について、市長がどのように受けとめたのかという点についても一切説明がなされていません。したがって、それまでの議会欠席や専決処分といった一連の行動はやむをえず行ったものであり、決して誤りではないという考え方が根っこのところにはあると考えざるをえません。にもかかわらず軌道修正を行ったのは、すべて、仙波「副市長」の進言を市長が受け入れたからであり、そしてそれは「公益のため」という非常に抽象的な説明がなされているだけです。

実は、仙波「副市長」選任以降、阿久根市政を動かすキーワードの一つに「公益」という言葉が頻繁に用いられるようになりました。仙波氏は、就任受諾以降、しきりに「公益のために」という言葉を使用し、就任会見の際にも「市民のため、公益のため、骨を埋めるつもりで引き受けた」と述べています（『南日本新聞』二〇一〇年八月三日）。また、職員復職について、仙波氏は、竹原市長が「（男性の復職を命じた）裁判所の決定を順守することが公益につながると考えて復職させた」と説明しています（『朝日新聞』二〇一〇年八月四日）。

阿久根市政の混乱の一つの原因は、実は様々な立場や価値観を交えて議論すべき事柄を、きわめて抽象的な言葉を用い、それらを政治的な主張を正当化するための手段として用いることにあるように思われます。それは竹原市長の言う「住民」であったり、また仙波「副市長」就任前後から頻繁に用いられるようになった「公益」という言葉です。一言で「住民のため」「公益のため」と言いますが、はたして「住民」とは何なのでしょうか。「公益」とは何なのでしょうか。あらかじめ固定的で絶対的な「住民」や「公益」が存在するのではなく、それこそ様々な立場や観点から議論することを通じて、どのようなことが「住民のため」になるのか、どのようなことが「公益」に適うのか、ということを決めていく。これが私たちが暮らしている民主主義社会の大前提のように思います。しかしながら、竹原市長の場合、あるいは仙波「副市長」にあっても、「住民」や「公益」とは確固不動なもののようです。つまり、彼らに賛同する住民や彼らの考える「公益」が絶対的なものとしてあるように思われます。したがって、彼らを批判したり疑問を呈したりした場合、それは即座に「住民」に反し「公益」に反するものとみなされるわけです。

5　二つのリコールと二度目の出直し市長選挙

●五か月ぶりの議会

二〇一〇年八月二五日、阿久根市議会臨時議会が開会しました。多くのマスコミも議場に入り、全国的にも注視されるなか、市長が行った専決処分に関する審議と議決が行われました。

最初に審議に付されたのは、仙波氏の「副市長」選任に関する専決処分でした。激しい質疑がなされ、賛否の討論がなされた後に採決に入り、反対多数で「副市長」選任の専決処分は不承認となりました。ところが、竹原市長も仙波氏も、専決処分は不承認となっても効力は有する、したがって議会での専決処分の採決を経たことによって仙波氏が正式の「副市長」になったという説明を行います。結局、議会での採決の結果よりも、仙波氏選任に関する専決処分を議会にかけたという事実だけがあればよかったということになります。はたして、このような考え方が成り

料金受取人払郵便

京都北支店
承　認
8077

差出有効期限

2012年6月30日
まで〈切手不要〉

郵便はがき

6038789

414

京都市北区上賀茂岩ヶ垣内町71

法律文化社

読者カード係　行

ご購読ありがとうございます。今後の企画・読者ニーズの参考，および刊行物等のご案内に利用させていただきます。なお，ご記入いただいた情報のうち，個人情報に該当する項目は上記の目的以外には使用いたしません。

お名前（ふりがな）	年　齢
ご住所　〒	
ご職業または学校名	
ご購読の新聞・雑誌名	
関心のある分野（複数回答可） 法律　政治　経済　経営　社会　福祉　歴史　哲学　教育	

愛読者カード

◆書　名

◆お買上げの書店名と所在地

◆本書ご購読の動機

□広告をみて（媒体名：　　　　　　）□書評をみて（媒体紙誌：　　　　　　）
□小社のホームページをみて　□書店のホームページをみて
□出版案内・チラシをみて　□教科書として（学校名：　　　　　　）
□店頭でみて　□知人の紹介　□その他（　　　　　　）

◆本書についてのご感想

内容：□良い　□普通　□悪い　　価格：□高い　□普通　□安い

その他ご自由にお書きください。

◆今後どのような書籍をご希望ですか（著者・ジャンル・テーマなど）。

＊ご希望の方には図書目録送付や新刊・改訂情報などをお知らせするメールニュースの配信を行っています。

図書目録（希望する・希望しない）

メールニュース配信（希望する・希望しない）

〔メールアドレス：　　　　　　〕

立つのでしょうか。

まず第一のポイントは、議会にかけられた専決処分自体の違法性の問題があります。先にも述べたように、専決処分というのは、議会を開催する余裕がなく、かつ緊急性を要する事案である場合に認められるものです。阿久根市の場合、本来は六月定例会が開催されるはずであったところを竹原市長が招集しなかったこと、臨時議会開催を議長が要請したにもかかわらず同じく竹原市長がそれに応じなかったこと、さらにまた県からの二度の勧告があったにもかかわらずそれも無視したこと、を考えるならば、議会を開催する機会は十分にあったと考えるのが自然です。開催するか否かはすべて竹原市長の判断にかかっていました。にもかかわらず、議会を開催せずに行った専決処分ですので、手続き上重大な瑕疵《かし》があると言わざるをえません。副市長選任の専決処分を認めるか否かの最大のポイントの一つは、市長がなぜ議会を開催しなかったのか、という点です。この点についての議員からの質問に対して、竹原市長はきわめて抽象的な回答しか行っていません。「議会と市長が不信任の関係にあるから」という一言で議会を開催しなかったことを正当化しています。ついでに言うと、であるならば、不信任の関係にある議会であるにもかかわらず、なぜ八月になって臨時議会を開催したのか、という点についての説明が必要になります。

それはともかく、仙波氏選任の件についての不承認の最大の理由は、選任の手続き上の瑕疵という点にありました。つまり阿久根市議会は、仙波氏の副市長としての適格性以前に、仙波氏を選任する法的な適合性を問題としていたわけです。その場合のポイントは、（仙波氏は司法判断を持ち出しますが）竹原市長が議会を開催しなかった理由は何なのか、という点にあります。開催できる状況であったにもかかわらず開催しなかったのであれば、それは法の解釈以前の事実経過の問題、あるいは法の解釈を行うにあたっての前提となる事実認識の問題になります。この点についての疑義が明らかにされないのであれば、立法にかかわる議員が専決処分を承認することは困難と言えるでしょう。結局、議会を招集しない理由が「不信任の関係」という一言ですまされるのであれば、竹原市長が都合のよい時には議会を開き（八月二五日の臨時議会）、都合が悪ければ開かない、ということにしかなりません。

このような問題があるうえに、承認であれ不承認であれ専決処分を議会にかけたという事実さえあれば、専決処分で選任した副市長は正式の副市長になるという理屈がまかり通ることも大きな問題です。地方自治法には副市長の選任については議会の同意を必要とするという条文があります（第一六四条）。ところが、阿久根市の今回の事例が正当化されるとすると、第一六四条は完全に骨抜きにされることとなります。つまり、議会の意向に関係なく市長が副市長を専決処分で選任すれば、後に開かれる議会にかけさえすればよい、ということになります。

このように考えると、仙波氏を「副市長」に選任する専決処分について、竹原市長も仙波氏も、地方自治法の第一七九条に則って行っているという説明をしていますが、実際には、第一六四条を骨抜きにしており、また、首長が有する議会招集権を盾にして議会を開かずに専決処分を自由に行いうるという、超法規的なやり方に道を開くものにほかなりません。竹原氏自身、議員時代に議会で「政治家は超法規的なもの」という発言をしています。ですから、こうしたやり方についても違和感がないのかもしれませんし、仙波氏もまた同様なのかもしれません。しかし、これは制度の運用の問題であり、単に阿久根市のみならず、他の自治体でも同様の事態が起こりかねません。つまり、選挙で選ばれた首長と議会を車の両輪とする二元代表制を根底から覆す先鞭をつけるものではないかと思われます。

●市長リコール署名の成立

八月七日から開始された竹原市長の解職を請求する署名は、九月一五日に市選挙管理委員会に提出されました。選挙管理委員会での審査とその後の縦覧を経て確定した署名数は一万一九七名でした。阿久根市の有権者数が二万人弱ですから、半数以上の有権者が署名をしたことになります。このように多くの署名が集まったことに対して、竹原市長は「市民が色々考えることは良い」と、他人事のようなコメントを行いました。しかし、この時点では署名運動の勢いが続くことに対して少なからぬ危機感を抱いたように思えます。

なぜならば、それまで基本的にマスコミの取材を拒否してきた竹原市長が、記者会見を開き、障害者問題に関するブログ書き込みに関して「謝罪」を行ったからです。ただし、この「謝罪」も、はたしてどこまで「謝罪」と言えるのか、疑問を呈さざるをえません。

一〇月一三日、リコール委員会は住民投票の本請求を行い、これを受けて市選挙管理委員会は、一一月一五日告示、一二月五日投開票と決めました。

●議会籠城事件

リコールに必要な署名数が集まり、住民投票の実施が確実視されるなかで、またもや波乱が起きました。議会籠城事件です。

事件は、九月二九日、七か月ぶりに召集された定例議会の初日に起こりました。議会は、開会後に仙波氏の「副市長」専任の取り消しと同氏の議場からの退出を求める決議案を賛成多数で採決しました（これに対して仙波氏は退出に応じませんでした）。午後に入り市長派議員は、議長不信任決議案の緊急動議を提出し、この取り扱いをめぐり議会は休憩に入りました。市長派議員によって提出された緊急動議は、議会開会前日、濱之上議長が竹原市長と行った打ち合わせの話し合いのなかで、議会での説明を行わないと言った竹原市長と口論になり、そのなかで議長が「専決処分をやればよい」と言ったことが問題として指摘されていました。休憩後の全員協議会で市長派議員が議長に謝罪を求め、これを議長が拒否すると、三名の議員が議場に駆け込み内側から施錠をし、のちにもう一人の議員も加わって約一時間半立てこもったのです。そして、反市長派議員が合鍵を用いて議場に入った際にもみ合いとなり、議長が経緯説明を行うということでようやく事態が収まりました。

●議会リコール運動

籠城した四人の議員に対しては懲罰動議が提出され、懲罰特別委員会での弁明の後に、最終的な処分が決定されました。籠城した議員は弁明のなかで「市議会混乱の原因は（反市長派の）一二人が結託し、市長を選んだ民意を無視して政策妨害を続けてきたこと」と述べました。この弁明を見る限り、市長派議員の目には市長を選んだ「民意」は映っても、市議会議員を選んだ「民意」は視野の外にあるようです。それはともかく、一〇月一八日、市議会は四人のうちの二人を除名、二人を出席停止五日間とする処分を決定しました。

ところが、この議会籠城事件は新たに議会リコール運動が始まるきっかけになりました。処分を受けた市長派の議員が中心になり、阿久根市政の混乱の原因は議会にありという主張を軸に議会の解散請求に乗り出したのです。一〇月二二日に市長派議員が委員長を務める市議会リコール実行委員会が請求代表者証明書の交付を市選挙管理委員会に申請し、二五日に公布された後、二六日から議会解散の署名運動が始められました。一一月二九日、署名簿が市選挙管理委員会に提出されましたが、署名者数は九二六六名に達していました。市長解職の署名よりは下回るとはいえ、有権者の半数近くの署名者数は、この間の混乱のなかで市長ばかりでなく議会に対しても非常に厳しい目が向けられていることを浮き彫りにするものでした。

●『朝日新聞』世論調査

住民投票を一か月後に控えた一一月六日と七日、『朝日新聞』が緊急の住民世論調査を実施しました。このアンケートは、この時期の住民意識のあり様をある程度知る手がかりを提供しています（『朝日新聞』二〇一〇年一一月九日）。

まず竹原市長の解職請求に賛成か反対かという設問に対しては、賛成が四九％、反対が三四％、また竹原市長への支持・不支持について、「支持する」が三七％、「支持しない」が四九％、「その他・答えない」が一九％という結果でした。「支持しない」という立場が約半数ですが、依然として竹原市長を支持するという意見も根強くあることが示されています。このことは、「仮に出直し市長選挙があった場合、市長にふさわしいのは竹原氏か西平氏か」という設問に対する回答にも現れています。すなわち、竹原氏が三六％、西平氏が三〇％で、竹原氏が西平氏を若干上回るという結果でした。このことから言えるのは、阿久根市の住民の約三分の一は竹原市政を積極的に支持しているということです。

では、どのような理由で彼ら／彼女らは竹原市長を支持するのでしょうか。竹原市長を支持する理由に対する回答が興味深い数字を示しています。支持する理由の半分が「改革の姿勢」、次に多い二七％が「実行力」となっており、支持する理由として「政策」に回答した人はわずか七％にすぎません。確かに竹原市長に対する根強い支持はあるのですが、その支持の中身について言えば、政策の具体的内容に支持があるというよりも、漠然とした「変えてくれるのではないか」「何かやってくれるのではないか」「思い切ったことをやってくれそうだ」といった期待感と結びついた支持であるようです。

同時に、竹原氏に支持が向かうのは、議会に対する非常に強い不信感があるから、ということも浮き彫りになりました。市議会に関する設問に対して、「市議会に大いに問題がある」と回答した人が五七％、「ある程度問題がある」と合わせると八六％もの人が議会に対する不信感を示す結果になったのです。竹原市長を支持するか否かでは、住民の意見は真っ二つに分かれているのですが、議会に関して言えば、ほとんどの住民が不信感をもっていると言ってよいでしょう。

●竹原市長の解職

一二月六日、竹原市長の解職に対する住民投票が実施されました。この日は、全国のマスコミが取材に訪れ、投票結果を大きく報じ、改めてあくね問題が全国的な話題になっていることを知らしめました。

投票結果は、市長解職に賛成と投じた票が反対票をわずかに上回り（三九八票差）、竹原市長の失職が決まりました。

失職が決まった後に記者会見に臨んだ竹原氏は、投票結果について「大変いいこと」「市民が学ぶ機会」と他人事のような感想を述べています。僅差であるとはいえ、この結果についてそれまで市政運営をやってきた者としてどのように受け止めるのか、そういった観点はまったくありません。それどころか、ここでもまた「市長リコール委員会の運動の成果。市職員の給料を下げられるなど、具合の悪い人たちが中心になった」というように、竹原市長に対する敵対勢力、妨害勢力がやっていること、という認識を示しました。すでに出直し市長選挙への出馬を表明していた竹原氏でしたが、住民投票後の記者会見を見ても、それまでの竹原市政を見直すという発想はみじんも感じることができませんでした。

逆にリコール運動を進めた住民グループは、解職が成立したにもかかわらず、記者会見に映し出された表情はきわめて沈痛なものでした。署名提出の際には一万名以上だったにもかかわらず、住民投票で解職に賛成を投じた数はそれを大きく下回ったからです。竹原市政への批判も多いが、根強い支持もあるという『朝日新聞』の世論調査の結果が、住民投票の結果にある程度正確に反映されたと言ってよいでしょう。

竹原氏が失職した結果、二〇〇九年五月に続いて再び出直し市長選挙が行われることになりました。また、市長失職に伴い、仙波氏が職務代理者を行うことが明らかにされました。

●出直し市長選挙

二〇一一年一月一六日、この日は全国的に寒波が襲い荒れ模様の天気でしたが、阿久根でも雪が舞っていました。こうした厳しい気象条件のなかで、出直し市長選挙の投票が行われました。一月九日に告示された出直し市長選挙でしたが、実際には一二月六日、リコールによる解職が成立し、竹原市長が失職した時点から闘いは始まっていたといってよいでしょう。リコールで失職した場合、再度立候補することを表明していた竹原氏に挑戦したのは、リコール運動の中心的なメンバーの一人であった西平良将氏でした。先にも触れたように、西平氏は、障害を抱える子どもの父親であり、二〇〇九年一二月の障害者問題に関する竹原氏のブログ書き込み問題に強く憤慨し、そのことが彼をリコール運動に参加させる契機になりました。

両者が繰り広げた選挙戦について、簡単に見ておくことにしましょう。竹原氏は、市長時代の実績を強調し、これまでの竹原市政を継続することを訴えました。つまり、住民投票での解職という結果は、竹原氏の市政運営の基本姿勢にまったく影響を与えなかったことになります。また、竹原氏失職後に事務代理を務めた仙波氏は、市議会の会期延長は違法であるとの判断を示し、補正予算の専決処分を行いました。このことは、出直し市長選挙で竹原氏が当選した場合、従来の市政運営のやり方を修正する考えはないことを示すものでした。

これに対して西平氏は、「破壊を伴う改革はいらない」と、まずは竹原氏の独善的な政治手法を批判しました。と同時に、竹原氏が言う「改革」の必要性については認め、議員定数の削減や職員人件費の削減なども公約に盛り込み選挙戦を戦いました。選挙戦は「改革」の手法と内容両面をめぐる争いとなりました。

選挙結果は、西平氏が八〇〇票あまりの差をつけて竹原氏を破りました。一二月のリコール住民投票と比べると票差は開いたものの、西平氏と竹原氏の差はわずかなものでした。竹原市政の二年半あまりを通じて、阿久根という地域社会がまさに真っ二つに割れてしまったことを、この数字は如実に示しています。しかし、ともかく、それまでの竹原氏による市政運営にノーをつきつけたかたちになりました。

選挙結果が判明した後の記者会見で、竹原氏は「労働組合とマスコミに負けた」と述べました。このような敗戦の弁には、彼に対する批判は「改革妨害勢力」の仕業であるという、これまでの竹原氏の考え方の特徴が端的に示されています。なぜ住民たちが立ち上がり、なぜこのような選挙結果になったのか。自らの市政運営について反省すべき点はなかったのか。こういった発想はまったくみられません。彼にしてみれば、リコール運動を担った住民、西平氏の選挙運動に加わった住民も、みな労働組合や議会といった既得権益勢力の回し者ないしは仲間だ、ということになるのかもしれません。

一方、当選した西平氏は、翌日初登庁し、仙波「副市長」を解任するとともに、市長室の出入り口のガラス扉に貼ってあった目隠しを外すなど、竹原市政からの脱却に対する強い姿勢を示しました。しかし、西平氏も竹原氏同様に行政の未経験者です。しかも、竹原市政のもとで亀裂が深まるだけ深まった地域社会をどのように再建していくのか。また、数多くの専決処分によって決定された政策をどのように取り扱っていくのか。取り組まなければならない課題はきわめて多くかつ重いものです。同時に、西平氏が選挙戦中に強調した「対話の政治」をどのように具体的に展開するのか。地域の世論が二分されているだけに、これも非常に困難な課題であると言えるでしょう。

と同時に、西平氏の場合、過去の阿久根に戻すのではなく、竹原市政のもとで根強い支持を受けた「改革」の問題を、西平氏のやり方で進めていかなくてはなりません。つまり、混乱を収拾させつつ新たな自治のあり方を模索しなければならないわけです。三七歳という鹿児島県内では最も若い市長が、この難題にどのように取り組むのか。そして解決することができるのか。このことは単に阿久根市だけの問題というよりは、転換期にある地方自治のあり方を占うものであるように思います。その意味では、竹原氏から西平氏へのバトンタッチをもってして、あくね問題の終幕とは言えないでしょう。二年半あまりの竹原市政を踏まえて、どのような政治手法で、どのような内容の改革を行っていくのか。その姿形が明らかになり、着実な成果をあげた時が、あくね問題がひとつの区切りを迎える時ではないかと思われます。

第Ⅱ部◉何が問題なのか

第Ⅰ部では、主として竹原市長の行動と発言を中心に、いわゆるあくね問題の経緯をたどってきました。第Ⅱ部では、こうした混乱につぐ混乱を招いてきた竹原市長がいったいどのような考え方の持ち主なのか、そして彼が展開する政治の手法とはどのようなものなのか、という問題を考えます。そのうえで、このようなタイプの政治家が「改革派」首長として注目され、全国的にも有名になっていく過程で大きな役割を担ったマスコミの問題を取り上げたいと思います。あくね問題が深刻なのは、単に一人の市長の行動と発言のみに問題があるというわけではありません。その一つがマスコミの問題ではないかと考えられるからです。

竹原市長の政治手法、マスコミの問題を取り上げた後、なぜ地域住民の少なからぬ部分が竹原市長を支持するのか、つまり、首長の暴走を許容し支持する構造や背景の問題を取り上げます。「はじめに」でも述べたように、私自身は、あくね問題について最も深刻に考えなければならないのは、何よりもこの問題ではないかと考えています。なぜならば、人々が竹原市長のようなタイプの首長を支持するのは、今の日本社会がはらむ困難さと危うさと密接に絡んでいると思われるからです。

そして、最後に、今日の時代における地方自治のあり方、政治や政治家に求められるのはどのようなことなのか、また、私たち自身が政治や政治家に何を期待し何を求めたらよいのか、といった問題を取り上げることにします。

6 地方版劇場型政治

●劇場型政治

小泉政権期以降、日本の政治を表現する言葉のひとつとして劇場型政治という言葉をしばしば耳にするようになりました。これは、政策の中身であるとか政策を実現するための様々な手続きなどではなく、政治家が繰り出すパフォーマンスの部分に人々が反応し、それだけではなく、人々の実際の政治行動にまで結びついていく政治のパターンと言ってよいのではないかと思います。政治家によって繰り出されるパフォーマンスには、「ワンフレーズポリティクス」という言葉に示されるような言葉の断片であったり、あるいはテレビ等で見られる派手なジェスチャーなど、様々なかたちがあります。いずれにしても、劇場型政治では、具体性や複雑性ではなく、抽象的で単純化された図式やスローガンが幅をきかせることになり、今日ではマスコミやインターネットを通じて容易に人々に浸透するようになっています。

私は、竹原市長のこの間の政治手法もまた、劇場型政治の一つだと見ています。小さな自治体の首長ですから、マスコミへの露出度がほとんどないのが本来の姿です。しかし、竹原氏の場合、全国区の知名度です。そのように注目を浴びていくプロセスのなかでの彼の言動は、まさにパフォーマンスを中心とした「見せる」政治であり、マスコミへの対応も結果的にマスコミを巧みに利用しているのではないかと思わせるものがあります。彼の言動の特徴を見ていく前に、まずはこの間の彼のマスコミへの対応とその特徴を見ていきましょう。

●歪んだマスコミ批判

竹原市長は、「マスコミはウソをつく」と言って、事あるごとにマスコミ批判を繰り返してきました。そこで竹原市長のマスコミ批判のおかしさをまずは指摘しておくことにしましょう。

第一は、「マスコミはウソをつく」というマスコミに対する見方です。マスコミ報道が無謬であるわけではありません。また、マスコミ報道には行き過ぎや曲解などもしばしばあります。しかし、「マスコミはウソをつく」と断定することはできませんし、そのように断定することによってマスコミの機能や存在意義そのものを否定することの方がより問題ではないでしょうか。

竹原市長に限らず、近年「マスコミはウソばかり」と公言してはばからない人が増えているようにも思えます。私には、そのような発言を行う人は、それと表裏の関係として「私自身が考えていることが真実であり正しい情報である」という過剰な自信があるように見えます。しかし、そもそも私たちが日々接している情報は実に多様であり、伝えられ方もまた多様です。そのなかで何が真実で、何が嘘なのか。容易に判断できないものも多々あるはずです。

さらに言えば、情報というものを嘘か真かの二者択一のものとして捉えること自体にも疑問を呈さざるをえません。情報というものは人から人へと伝達していくものであり、伝達の過程で、情報の送り手の価値観や意図が何らかのかたちで反映されるものです。もちろん事実関係について誤りがあってはなりませんが、どのような事実をより多く伝えるかという取捨選択の段階で、情報の送り手の価値観が反映されます。もし、情報というものが、嘘か真のどちらか一つしかない、そして本来真のみを伝えるのがメディアである、という立場に立つならば、複数のメディアが存在することすら否定しなければならないでしょう。

●報道とは何か

少し話がそれるかもしれませんが、報道とは何かを少しばかり考えてみたいと思います。そもそもマスコミの報道は事実報道という部分とマスコミや取材した記者の見解などが含まれる記事とに分けることができます。また、事実報道といっても、事実の取捨選択は、当然現場の記者やマスコミ各社の報道スタンスと関連して行われるものです。マスコミは何でも起こったことを垂れ流すことはできません。またすべきではありません。このようなことを前提にして、個々のマスコミがどのような事実を選択し、どのようなかたちで流すのか。そこにはマスコミ各社の価値判断が当然入ってきます。

竹原市長のマスコミ批判の多くは「自分の意図が間違って伝えられる」ということをもって「マスコミはウソをつく」と言っていますが、これはマスコミがもつかかる性格を軽視、いや無視していると言わざるをえません。要は、自分が思うようにマスコミは報道してくれないと言っているだけなのです。

同じ現実でも、立場や見方によって報じられ方は大きく異なる。この点をまずは確認しておく必要があります。日本の新聞はどちらかと言うと立場の違いが明確ではありません。たとえば新聞によって政治的立場が大きく異なる韓国の例を紹介しておきましょう。韓国では二〇〇七年にソウルを中心としてロウソクデモという大規模な大衆運動が起きました。これは政府の狂牛病対策に対する批判が契機になって起きたものです。この時、反政府の立場に立つ『ハンギョレ新聞』を見ると、それこそ革命前夜ではないかというほどの盛り上がりを示す大衆行動の様子が連日報じられていました。しかし、最も保守的と言われる『朝鮮日報』という新聞を読むと、本当にそんな大衆行動が起きているのだろうかと疑問をもつほど、ある時期まではほとんど報じられませんでした。マスコミの政治的な立場によって報道内容がここまで違うものなのか、と私自身驚きました。おそらく日本のマスコミ以上に韓国のマスコミは立場の違いがはっきりしているので、こうしたことになるのでしょう。

大規模な大衆運動が起きていたことは事実です。しかし、それがきわめて重要な出来事なのか、そうではないのか。こうした判断に基づいてどの程度報道するかという事実の取捨選択が行われます。また、大きく報じるとしても、それをプラスに評価するかマイナスに評価するかで、取り上げる事実や表現方法も異なってくるでしょう。そして、そうした報道の違いというものを吟味しながら、私たち一人一人がどのように考えていくのかを判断していくことが求められるのではないのでしょうか。

問題なのは、これだけ情報のソースが多様化し、大量の情報に接することができる今の世のなかに暮らす私たちが、それらの情報をどのように受けとめ、取捨選択していくかということにあるように思います。つまり、あらかじめ、これは嘘、これは真と二者択一的なやり方で情報を区別し、さらには「嘘をついている」と考える情報をあらかじめシャットアウトするというやり方ではなく、私たち自身が情報といかに付き合っていくのか、一言で言うと、私たち自身の情報リテラシーの問題として考えていくべきではないでしょうか。

●マスコミの選別と排除

話を元に戻し、竹原氏のマスコミ批判をもう少し見ていくことにしましょう。竹原市長のマスコミ批判には、ほかにも首を傾げたくなるような点があります。その一つは、マスコミは私企業であり営利企業であるので、公平な報道ができない、という批判です。しかし、私企業であること、営利企業であることをもって、ただちにマスコミ報道のゆがみを指摘できるものでしょうか。（もちろん、そのような側面がまったくないと言うわけではありませんが）。もし竹原市長の主張を肯定するならば、マスコミ機関はすべて国営ないしは公営にすべきだ、ということになるのではないのでしょうか。それでは、戦前の国家統制への逆戻りになりかねません。あるいは、かつての社会主義体制下での報道、現在の北朝鮮の報道などが望ましい報道のあり方だということになりかねないのではないかと思います。

このように竹原市長のマスコミ批判自体に問題があるのですが、もう一つの問題は、竹原市長がマスコミ一般に対する批判を展開しながらも、実際のマスコミへの対応では、選別を行っている点です。マスコミの取材を受けつけないとしながらも、鹿児島県内の四つの民放局のうちの三つの放送局の取材には応じていました。また、この間、『熊本日日新聞』や『愛媛新聞』など、鹿児島県外の地方新聞のインタビューにも応じていました。「ウソをつく」というマスコミ批判は、竹原市長にとって都合のよい、ないしは気に障らない報道をするマスコミは許容でき、そうでないマスコミが「ウソをつく」マスコミ、ということなのでしょうか。結局、権力者が権力を笠に着て自分に都合のよいマスコミだけを利用しているにすぎないのではないでしょうか。

竹原市長のマスコミ批判と実際のマスコミへの対応は、矛盾に満ちており、同時にマスコミの社会的意義に対する理解もまったくないと言わざるをえません。

●竹原市長のマスコミ施策

このように、竹原市長のマスコミ批判は疑問を抱かざるをえない点が数多くあると言わざるをえません。それでは、実際にマスコミに対してどのような対応をとってきたかを見ておくことにしましょう。

最初に竹原市長がマスコミの取材を拒否したのは鹿児島県で最大の地方新聞である『南日本新聞』に対してでした。竹原市長は、南日本新聞の取材に対してブログ上で批判をするとともに、市長初当選後の当選証書授与式が始まる前に取材を申し込んだ同紙記者に対して「あっかんべぇ」の仕草をして取材を拒否したといいます。取材を拒否するにしても、こうした特異な行動をとることにより、(本人が意図しているかどうかはともかく) それ自体がニュースのネタになったという部分は否定できないと思います。

次に竹原市長との対立が生じたのが、鹿児島県のテレビ放送局ＭＢＣとの間でした。出直し市議選の告示日である二〇〇九年三月一五日に、竹原市長は自らのブログに、ＭＢＣがかつて放映した阿久根市議会政務調査費問題に関する映像を紹介している他のブログへのリンクを張りました。これに対して、ＭＢＣ側が映像の報道目的以外での使用について抗議を行ったのです。この問題以降、竹原市長はＭＢＣの取材にも応じなくなります。

竹原市長がマスコミ批判のボルテージをさらに上げたのは、先に触れた二〇〇九年一二月の障害者問題に関わるブログ書き込み問題以降でした。この年の仕事納め式では、新聞の取材を拒否し、仕事始め式においても同様の措置がとられました。また、一月五日の夜と翌日早朝、市の防災無線を用いて報道批判を行いました。そのなかで竹原市長は、障害者に関する記述問題について「誤解を誘導するキャンペーン」だったとし「新聞社は、私が本当の情報公開をやることで進んでしまう社会改革に危機感を覚えているのだと思う」と述べたといいます（『毎日新聞』二〇一〇年一月七日）。

さらに二〇一〇年一月二七日、竹原市長はマスコミ各社に対して、市役所庁舎内での撮影取材を原則禁止するという内容の文書をファックスで送信しました。通告文書では「市政運営への影響を考慮」としかなく、「市長が認めた場合は撮影を許可」とありました（『毎日新聞』二〇一〇年一月二八日）。確かに市長には市庁舎の管理責任がありますが、これは管理責任者の立場を利用した報道規制ですし、個別具体的な問題を示さないままに公共の場である市庁舎の撮影を禁止することはできないはずです。

このようにマスコミに対する取材拒否やマスコミ批判、そして取材の選別を繰り返すなかで起こったのが、議場でのマスコミによる取材を理由とした議会欠席でした。

竹原市長のマスコミへの対応を見ていると、とりわけ新聞メディアに対する拒否反応が強いように思われます。興味深いことに、テレビにはやや甘く、新聞に厳しいという姿勢は東国原知事にも見られる傾向です（共同通信社宮崎支局『総理を夢見る男　東国原英夫と地方の反乱』梧桐書院、二〇一〇年、二六六～二六七頁）。

●インターネットとマスコミ

竹原市長が全国的にも有名になったのは、最初の市長選挙の際のブログへの書き込みが報道されたことがきっかけでした。また、その時ばかりでなく、たびたびブログへの書き込みがマスコミの記事となり、それを通じて彼の名前が広がるという事態が生じました。

今日私たちが暮らす社会が急速なネット社会化にあることは言うまでもありません。そして、この趨勢は今後ますます強くなることも言うまでもないでしょう。そのため、ネット社会が私たちの社会にいかなる影響を及ぼすのかという問題は様々な角度から論じられていますし、今後も論じられるでしょう。ここではネット社会における政治の問題、とくにインターネットと政治的な世論の問題について考えてみたいと思います。

インターネットと世論の関係に関する研究も近年増えていますが、多くの場合、インターネットという新しい情報媒体の新しさに焦点があてられ、新聞やテレビといったこれまでのマス・メディアが旧い媒体として比較されることが多いようです。しかし、あくね問題の推移を見てみると、インターネットと新聞・テレビを新旧の媒体とのみ捉えるのには問題があるように思われます。むしろ、この二つの媒体が相互に影響を与え合うことにより従来の世論形成とは異なる世論形成が進んでいるのではないのでしょうか（インターネットとマスコミの相乗効果については、新井克弥『劇場型社会の構造』青弓社、二〇〇九年、が参考になります）。

竹原氏が、小さな地方都市の市長であるにもかかわらず知名度を広げていったのは、「改革派」市長としての政策面よりも、ブログを頻繁に更新し、さらに選挙期間中にも更新したために選挙管理委員会から注意を受けた「ブログ市長」という点にありました。もちろん、阿久根市民の多くが彼のブログを読んでいたわけではありません。この点については、竹原氏自身も次のように述べています。

「『ブログ市長』などとマスコミから名付けられたことから、私がインターネットを駆使して市長選挙に勝利し現在の職に就いていると誤解している人が少なくないようですが、実は私のブログを読んでいる阿久根市の有権者はそれほど多くはありません。熱心に応援してくれる支持者のほとんどは、インターネットはおろかパソコンも触らない六〇歳代以上の方々です。」（『独裁者』二〇〇頁）

私は、竹原氏のブログの効果は、彼のブログをどれだけ多くの人々が読んでいるかにあるのではないと考えています。そうではなく、彼がしばしばブログで特異な書き込みをしたりすることをマスコミが取り上げ、マスコミの報道を通じてインターネットに精通していない人々にも「ブログ市長」の名前が広がっていく。こうしたサイクルを竹原氏はうまく利用しているのではないかと思います。つまり、インターネットとマスコミ報道の相乗効果です。

インターネットとマスコミの相乗効果は、別の面でも指摘することができます。竹原市長は、県内のマスコミのみならず全国紙およびNHKの現地支局などの取材に応じないことがしばしばありました。しかし、県外のマスコミや東京から取材に来るマスコミにはしばしば取材に応じています。インターネット時代以前であれば、県外のマスコミに記事が出たとしても、とくに他県の地方新聞などの場合、鹿児島県内に暮らす人々に情報として入る可能性はきわめて低かったでしょう。しかし、インターネット時代の今日、県外のマスコミから流れた情報も、インターネットを通じて多くの人々に伝わります。

県外のマスコミの場合、継続的に阿久根問題を取材しているわけではありませんから、どうしても情報が断片的なものになりがちですが、それがそのまま多くの人々に情報として伝わっていくことになります。竹原市長自身がどこまで計算しているかどうかはわかりませんが、別に県内のマスコミの取材に応じなくとも、竹原市長のメッセージは、彼が選択したメディアからインターネットを通じて多くの人々に伝わることになりました。いずれにせよ、インターネットからメディアへ、メディアからインターネットへという相互依存関係により、竹原市長の情報が多くの人々に伝わっていくことになったと言えます。

●劇場型政治のパフォーマンス(1)：レッテル貼りの政治

以上のように竹原市長は、現在急速に拡大しつつあるインターネットの世界と、従来のマスコミとを巧みに組み合わせたかたちで知名度を上げていったと言えるでしょう。新しい時代のメディア政治のひとつのあり方を示しているとも言えます。その場合、彼の政治的な言動は、メディアに乗りやすい言動、メディアが飛びつきやすい言動であることにも注意を向けておく必要があります。いわゆる劇場型政治の問題です。

基本的に首長は議会よりも非常に有利な立場にあります。したがって、竹原市長のこの間の政治手法は、こうした首長優位の立場を最大限利用したものでした。さらには議会欠席など完全な議会無視をするなど、鹿児島県知事が言うように「法治国家の原則」を踏みにじる行為を積み重ねています。こうした行為を重ねる竹原市長の政治手法の特徴の一つとして「レッテル貼り」があるように思います。

竹原市長のレッテル貼りの政治を端的に示すのが、二〇一〇年二月二二日、阿久根市議会二月定例会で行った市政方針演説です。このなかで竹原市長は「市にとって最大の節目であり、私は市長就任以来の妨害勢力を一掃する」と述べています（『読売新聞』二月二三日）。竹原市長からすれば、議会も市職員（その背後にいる自治労〔全日本自治団体労働組合〕）も、さらには県知事も裁判所もすべて既得権益集団であり、公務員擁護集団だという論理です。リコール運動に立ち上がった市民たちを指して「体制派プロ市民」という言葉を用いて批判もしています（『広報あくね』二〇一〇年七月号）。要は、竹原市長に対して批判的な立場の人々はすべて既得権益にしがみついた人々であり、竹原市長の改革を阻止しようとする勢力であるという決めつけの論理です。

このように批判する側、対抗する側に対してレッテル貼りをすることによって、非常にわかりやすい敵－見方の構図を演出します。こうした方法は、何も竹原市長に限られたものではありません。というよりも、一九九〇年代以降の日本政治でしばしば用いられるようになった政治手法です。九〇年代には、政治改革問題をめぐる自民党内の対立が激化するなかで、当時の小沢一郎氏らは対立する勢力を「守旧派」といって攻撃しました。そして二〇〇〇年代前半の小泉政治の時代の郵政選挙においても、郵政民営化に反対する政治家を徹底的に攻撃することによって、あの圧倒的な勝利を演出したわけです。敵の設定とそれに対する徹底的な攻撃。こうしたわかりやすい構図がマスコミを通じて大量に情報として流されることにより、人々が政治の世界を見る視線もきわめて硬直したなものになっていきます。今から振り返ると「郵政民営化への賛否」だけが日本政治の争点だったのかどうか、きわめて疑わしいのですが、当時はあたかも「郵政民営化への賛否」が国の方向を大きく左右するといった雰囲気がかもし出されました。人々を動員するには実に便利な道具が、こうした単純化された対抗図式なのです。

●劇場型政治のパフォーマンス⑵：抽象化された政治・感情の政治

竹原市長の政治手法のもう一つの特徴は、「住民」であるとか「公益」といった非常に抽象的な言葉を梃子にして、自らの政治的立場を正当化するというやり方です。先にも述べたように、実は「住民」のなかにも様々な「住民」がいますし、「公益」についても立場や考え方により様々な「公益」の捉え方があります。「住民」にせよ「公益」にせよ、あらかじめ確固とした固定的なものがあるのではなく、様々な考え方を突き合わせることによって、「住民」や「公益」とは何なのかを探り出していく作業がどうしても必要になります（この点については、杉田敦『政治への想像力』岩波書店、二〇〇九年、の議論が参考になります）。こうした面倒くさい作業、それなりに労力の必要な作業をすっ飛ばして抽象的な言葉が独り歩きするとどうなるでしょうか。戦前期日本において「国益」、すなわち「お国のために」という言葉がどのような猛威を振るったかということを思い出してみてください。

こうした抽象的な言葉による政治は、具体的な政策へと連なるのではなく、情緒的な言葉で人々の感情に訴える政治と結びついています。たとえば、竹原市長が二〇一〇年の新年を迎えるにあたって彼のブログに記した文章を見てみましょう。

「今年は激動の年になります。転落と崩壊に向かい続けている社会を救う為に阿久根市政に革命を起こします。これからの作業に比べれば、これまでのものは児戯です。

私がこの革命に取り組むのは職員や皆さんに楽をさせる為ではありません。金儲けができる面白い人生を差し上げる為ではありません。次の世代、そしてその次の世代を支え合い、慈しみ合うものにするためです。

革命には多くの苦労と、おそらく血も涙も伴います。しかし、すべてを乗り越えます。どの道、人は生の悲しみと苦しみ、そして死からも逃れる事はできません。私は、これからの作業にすべてを賭けようと思います。」（『独裁者』一〇～一一頁）

この文章に示されているのは、きわめて抽象的なかたちでの竹原市長の信念でしかありません。そして彼の言う「革命」の目的が、将来世代のための「革命」であることがかろうじて読み取れるものの、いったいそれがどのようなものなのか、明確ではありません。実は、このようなスタイルは竹原市長固有のものではありません。次章で取り上げる「平等化社会」の問題を指摘している政治学者の宇野重規氏は、小泉政治について次のように記しています。

「小泉首相の発言の一つの特徴は、自らの個人的な信念や感情と首相としての政治的行為を、ストレートに結びつけるスタイルにありました。政策的争点について、『悲しいね』、『残念ですね』といった個人的感想を、小泉首相はたえずメディアの前で示し続けました。」（宇野重規『〈私〉時代のデモクラシー』岩波新書、二〇一〇年、一〇四頁）

小泉首相のような政治スタイルは、何をもたらすのでしょうか。宇野氏は「個人的信念と政治的行為の間にあってしかるべき、さまざまな法的・政治的過程を素通りするもの」と述べています。しかし、このような問題は、単に政治家のスタイルによってもたらされるのではなく、それへの共鳴板が存在することによって初めて成り立っているのではないかというのが、宇野氏の指摘の重要な点です。この点について、宇野氏は次のように述べています。

「しかしながら、従来の政治の営みに対して距離感を感じていた人々のうちには、これを好意的に受け止める層も存在しました。そのような人々は、伝統的な保守政治や官僚支配に対しては激しい拒絶感、嫌悪感を抱いていましたが、小泉首相の展開する政治的行為や発言には、むしろ親しみや共感の念さえ示したのです。彼ら、彼女らは、小泉首相の発言を、従来の政治家による公式的な発言と比べ、自分たちの一人ひとりに向けて語りかけているようにさえ感じるといいました。従来の政治からは疎外されていると感じていた人々の政治的関心をかき立て、投票行動へと動員したことこそ、小泉政治の支持獲得戦略の大きなポイントだったといえるでしょう。」(『〈私〉時代のデモクラシー』一〇四～一〇五頁)

おそらく竹原市長が二度にわたって市長に当選したのも、彼の信念を情緒的に語るというアピールの仕方が、それまで政治に対して距離感や疎外感を覚えていた人々の共感を呼んだ部分があるのでしょう。しかし、宇野氏が指摘するように、それは「さまざまな法的・政治的過程を素通りするもの」であり、(これも次章で改めて紹介しますが)政治学者・御厨貴氏の言う「政治の文法」の崩壊をもたらしかねません(御厨貴『政治の終わり、政治の始まり』藤原書店、二〇〇九年、一〇〇頁)。というよりも、あくね問題を通じて私たちに見えてくるものは、こうした政治スタイルは、「法的・政治的過程の素通り」からさらに一歩進んで、「法的・政治的過程」自体を無視したり否定したりすることへと結びつくということです。あるいは、竹原市長の場合、「法的・政治的過程」を無視し否定するからこそ、自ら進める市政は「革命」なのだ、という立場なのかもしれません。

7 マスコミの危機

●および腰のマスコミ

この間のあくね問題に関する報道を見ていて、現在のマスコミはきわめて危険な状態にあることが露呈されたのも事実です。次に、あくね問題に対するマスコミの対応について考えてみましょう。

あくね問題をめぐる一連のマスコミ報道のなかで問題だと思われるのは、竹原市長がマスコミ全体に対して取材拒否をするのではなく、特定のマスコミの取材を拒否したことに対して、マスコミ側が何ら対応をとらなかったことです。市長が行う選別に対して、南日本新聞やＭＢＣのように取材拒否を受けたマスコミが個別に抗議の意思を表明しましたが、マスコミ側が全体として抗議の声をあげることはありませんでした。権力者が、自分にとって都合のよい、あるいは自分のお気に入りの報道機関に対してのみ取材に応じるという異常なあり方に対して、マスコミ全体として抗議なり批判を行うことができなかったのでしょうか。これでは、今日のマスコミは結局は権力を有する者の思うがままであり、権力との緊張関係などないと言われても仕方ないでしょう。取材を許されたマスコミの場合、貴重なニュースソースだからということで取材を続けたと主張するのかもしれません。しかし、こうした取材に対する選別的な対応については、会社の垣根を越えて抗議を行うべきであり、その結果、マスコミ全体に対する取材拒否に市長が走った場合、それに対してさらに抗議を行えばいいのではないかと思います。

●一九六〇年、権力者とマスコミの関係

かなり古い話になりますが、今から五〇年前の一九六〇年、権力者とマスコミとの間の緊張関係を考えさせられるような事態が起こりました。時の首相は岸信介氏です。ちょうど日米安保条約改正問題をめぐり、激しい反対運動に直面していました。岸首相は外遊先のアメリカで日本のマスコミ報道のあり方を批判するなど、マスコミとの対立を深めていました。五月一九日から二〇日未明にかけての強行採決により、世論の岸批判はさらに強まりますが、この時期の岸とマスコミの関係については、以下のような推移があったとのことです。

「この時期の岸・マスコミ間の軋轢については、『記者会、首相と冷戦』と見出しの付いた同紙

（『毎日新聞』―著者注記）二五日夕刊二面のコラム『アンテナ』に詳しい。これによると、内閣記者会は採決直後に首相会見を申し込み、二一日朝に行う予定でいたが、『二十日の夕刻、首相から一方的に断られた。質問が首相の〔自民党〕総裁三選出馬にふれているのが気に食わないという。質問の自由を制限されるようでは会見の意味がないと記者団側は〝勧進帳〟を岸首相に読みあげ、冷戦状態に突入』したという。この『勧進帳』とは『会見ボイコットを意味する』『記者クラブ側の抗議文のこと』で、『マスコミの使命を相手に認識させる最後の非常手段』として佐藤栄作、池田勇人ら当時の実力者は『たいてい一度や二度はこの洗礼を受けたものらしい。（中略）二四日の段階で、岸のほうから官房長官の椎名悦三郎を介して内閣記者会に会見を申し入れたが、『世論の旗色悪しとみて、自分の都合のよいときに会見を申込んでくるのは身勝手過ぎる』という理由で、逆に記者団側から拒否されている。

　結局、コラム子のいわゆる記者クラブ側の『非常手段』がものを言った形で、翌二五日に岸首相が『正式に陳謝の意を表し』、会見ボイコットは収束し（同紙二六日一面、ベタ見出し『岸首相謝る／記者会見ボイコット』）、これを受けて設定されたのが二八日の記者会見という流れになる。」（大井浩一『六〇年安保　メディアにあらわれたイメージ闘争』勁草書房、二〇一〇年、二五七～二五八頁）

岸とマスコミとの対立はこの一件で収束したわけではないようですが、しかし、当時のマスコミが少なくとも今のマスコミよりも権力者に対して毅然とした態度をとっていたことは、この一例からも明らかでしょう。

●視聴率に走ったマスコミ?!

さて、竹原市長のマスコミに対する選別的な取材の拒否に対して抗議の声を上げる機会は多々ありましたが、とくに市長の議会出席拒否の際が最も重要な機会であったように思われます。公開を原則とする議会への出席を拒否する理由として、マスコミの排除が掲げられていたわけですから、マスコミの存在意義そのものを否定するような考え方に対して厳しく抗議する必要がありました。これは、マスコミ排除を主張する市長に抗議するという意味に加えて、議会についてマスコミを通じて知る権利を有している市民に対するマスコミの責務としても抗議すべきものでありました。しかし、残念ながら、こうした問題意識をマスコミ側がもっていたとは言えません。

マスコミが会社の垣根を超えて抗議をするチャンスはもう一度ありました。それは仙波氏の「副市長」選任後のことです。「副市長」に選任された仙波氏は、就任後竹原市長のスポークスマンと称して頻繁に記者会見を開きました。そして、その記者会見でのやり取りがマスコミを通じて世間に流されました。確かに、それぞれの社が「副市長」と鍵カッコをつけたり、あるいは「専決処分で副市長に選任された」と注釈をつけたりと、それなりの工夫を凝らして報道はしました。しかしながら、こうした記者会見でのやり取りが頻繁にマスコミから流されることにより、一般の読者や視聴者は仙波「副市長」があたかも既成事実であるかのように受けとめることになったのではないのでしょうか。法的な根拠があいまいなかたちで選任された「副市長」の会見を、何の抗議もしないまま取材し報道することでよかったのでしょうか。一歩譲って、それはまあ仕方がないという考え方に立ったとしても、そもそも市政の責任者である市長自身が何ら説明を行わず、仙波「副市長」を通してしか市長の意図や意思が伝わらないということにも問題があるのではないかと思います。たとえば、首相がまったく説明せずに、すべて官房長官まかせ、という態度をとった場合、マスコミは黙ってそれに従うのでしょうか。仙波「副市長」誕生後のしばらくの間は、まさにそうした状況でした。少なくとも、市長が自ら会見に応じるべきであり、仙波氏の会見によって市長会見とするという考え方がおかしい、といった抗議をすべきではなかったかと思います。

この間のあくね問題について、私は多くのマスコミ関係者からの取材を受けました。現場で取材をしている記者の人たちの苦労は、それなりに理解しているつもりです。また、記事のなかにはそれなりに興味深いものもあることも事実です。私がここで批判するマスコミの問題というのは、現場で悪戦苦闘する記者の問題というよりも、どのような情報をどのようなかたちで流すのかということを決定するレベルの問題であり、さらに言えば組織としてのマスコミの問題です。

内田樹氏は、「近代のメディアに取り憑いた業病」として「変化への異常な固執」を指摘しています。「既得権勢力」を激しく攻撃する「改革者」として登場した竹原市長は、メディアの特性である「惰性への攻撃」と共鳴したのかもしれません（内田樹『街場のメディア論』光文社新書、二〇一〇年、一一四〜一一六頁）。

はたして、日本のマスコミは、この風変わりな市長について情報を流せばそれなりに読者がつく、あるいは視聴率が取れる、という興味本位な関心から取材をしてこなかったのかどうか、真摯に反省してみる必要があるのではないのでしょうか。

一連のマスコミの対応を見ていて、このような地方都市の市長という小さな権力の前でも毅然とした姿勢を示すことができないマスコミが、はたして国家権力に対する批判的なスタンスをとることができるのだろうかと疑問を抱かざるをえません。いずれにせよ、こうしたマスコミの姿勢は、現場で取材をしている記者よりもむしろ、報道のあり方を決める組織により大きな責任があるように思われます。

8 ジェラシーの政治

●現代の五・一五事件

「政権、党利に盲ひある政党と之に結託しに民衆の膏血を搾る財閥と更に之を擁護して圧制日に長ずる官憲と軟弱外交と堕落せる教育、腐敗せる軍部と、悪化せる思想と、塗炭に苦しむ農民、労働者階級と而して群拠する口舌の徒と！」

「民衆よ！

この建設を念願しつ、先づ破壊だ！凡ての現存する醜悪な制度をぶち壊せ！」

竹原市長の言動、そしてその言動を支持する人々の一定の広がりを見ていて、私の脳裏に浮かんだのは五・一五事件でした。ご存じのとおり、一九三二年に発生した青年将校によるクーデターの試みであり、時の首相犬養毅が銃弾に倒れました。引用した文は、五・一五事件に決起した青年将校たちが発表した檄文の一部です。

現状に対して鬱積する不満とそれをバネにした激しい現状否定、そして現状を打破するためには手段を選ばないという発想を読み取ることができるでしょう。こうした考え方が竹原市長の現在のスタンスに似ているように思えます。しかし、私が五・一五事件を思い出したのは、それ以上に、こうした考え方を支持する世論が確実に広がっているという点でした。私たちは、歴史の教科書で三〇年代に起きたクーデターの試みの一つとして、また、日本が軍国主義化していく歴史のひと駒として五・一五事件をイメージします。しかし、忘れてならないのは、五・一五事件に対しては、手段はともかく現状を打破しようとする青年将校たちの気持ちは理解できる、支持できるという世論が一定程度あったということです。たとえば、事件を引き起こした青年将校たちは裁判にかけられますが、彼らに対する減刑嘆願署名運動が行われ、一一四万人以上もの署名が集まっているのです。

確かに、三〇年代初頭の日本は昭和恐慌と呼ばれる経済危機に見舞われ、東北農村の疲弊などが大きな問題となりました。また、今でいう政治とカネの問題で政党への信頼が揺らいだり、また行財政改革の必要性から官僚の俸給に対する批判も展開されていました。現在とまったく同じ状況と言うつもりはありませんが、出口なき閉塞感が人々を覆い、五・一五事件のような無謀な試みに対してもそれを許容したり支持する雰囲気が地域のレベルにまで浸透していたということに注意を向ける必要があります（拙著『「地域ファシズム」の歴史像』法律文化社、二〇〇〇年）。

当時のマスコミも（当時は主として新聞ですが）、この事件に対してきちんと批判したものは決して多くはありませんでした。それは、当時台頭していた軍部に対する批判にもつながるからでした。そうしたなかにあって、正面から批判を行った数少ない言論人の一人が『福岡日日新聞』という地方新聞にいた菊竹六鼓という人物でした。彼は、事件勃発の二日後の同紙に「あえて国民の覚悟を促す」という論説を発表していますが、そのなかで次のように述べています。

「今日の議会、今日の政治、今日の選挙、今日の政治家に満足するものはない。そこに多くの腐敗があり、欠陥があり、不備不足があることは事実である。

にもかかわらず、ゆえにわれわれは、ただちに独裁政治に還らねばならぬという理由はない。ファツシヨ運動に訴えねばならぬという理由はない。独裁政治が、今日以上の幸福を国民に与うべしと想像しうべき寸毫の根拠もない。」

菊竹は、現状の政治システムに問題があることは事実であるけれども、それを独裁という手法を用いて解決するという考えは問題であり、独裁という手法を用いて解決できるという根拠は何もないと指摘しています。さらに言えば、たとえ多くの問題を抱えているとしても、それを議会制度という枠のなかでいかに解決していくのかと考えるべきではないかというのが菊竹のスタンスであったように思われます。しかし、こうしたスタンスは、当時の様々な問題を解決する「特効薬」には見えませんから、少数の声としてかき消されていくことになりました。

現状を変えてくれるならば少々手荒い手段でもいい。竹原市長を支持する世論の背後には、こうした考え方が少なからずあるのではないのでしょうか。

●破壊される「政治の文法」

こうした現状打破のためには手段は選ばずという風潮は、なにも阿久根市に限ったものではありません。この点を政治史研究者である御厨貴氏は、「政治の文法」という言葉を用いて説明しています。小泉政権以降、「政治の破壊」が進行していると指摘する御厨氏は、以下のように述べています。

「これまで常識とされた政治の文法はまったく通用しなくなり、制度や組織は本来の機能を喪失し、とんでもない逆機能現象が生じ始めている。」（御厨貴『政治の終わり、政治の始まり』八八頁）

そして、「政治の文法」を無視したやり方の先例として郵政解散を挙げていますが、御厨氏は次のように指摘しています。

「歴史的先例は、実は小泉の郵政民営化解散にある。あの時小泉は参議院での否決を待ってましたとばかりに、衆議院解散に持ち込み、郵政民営化に賛成か反対かの二者択一的状況を作り出し、与党三分の二以上という大勝利をもたらした。これはすかさずルール違反、参議院の否決で衆議院解散は憲法違反だとの声が上がった。しかし二年たった今、衆議院大勝の前にそんな批判はまったく聞かれない。」（八九頁）

このように御厨氏は、小泉政治以降、政治の破壊、「政治の文法」の喪失が一気に進んだと指摘しています。と同時に、政権最末期の小泉首相は、こうした状況の行き過ぎを感知し、ブレーキをかけようとしたのではないのかと推測しています。この点にかかわる御厨氏の議論を紹介しておきましょう。

「そこで話は晩期小泉内閣に移る。実はこの残り一年の内閣で小泉氏はこれといった業績を挙げてはいない。改造後の布陣も、それまでと異なり、党と内閣の融和を図る方向を模索していた。小泉氏は本能的にこれまでのやり方にブレーキをかけた。改革の破竹の進撃が、田中政治を超えて政治そのものの破壊に至ったと感じたからではなかったか。政治家・官僚たちが彼らの仕事への情熱を奪い、キャリア官僚へのなり手は減った。公共事業バッシングで地方の活力は失われた。

政治や行政には、普遍的になくてはならない暗黙のしきたりがある。意見対立を調整するため、あえて『有職故実』にこだわり、手数をかけるのもそうしたいわば『政治の文法』がある

からだ。」（九九〜一〇〇頁）
御厨氏の議論を参照にするならば、今日阿久根で生じている事態は、小泉政治以降の日本政治の破壊、政治の文法の崩壊が、地方政治の場でも確実に進んでおり、より極端でわかりやすいかたちで現れているといってよいのかもしれません。

●ジェラシーの政治

さて、こうした政治の破壊、政治の文法の破壊が進行しているのが、今の日本の政治の現実であるとするならば、それを支える人々の心理というのはいったいどのようなものなのでしょうか。再び歴史のなかでこの問題を考えてみましょう。

この問題に関連して非常に興味深い論点を提示しているのが、歴史研究者の須崎愼一氏です。彼は、戦前の日本、とくに戦時期に日本で進展した問題のひとつとして「ジェラシーの政治」という問題を指摘しています。

内藤英恵氏との共著『現代日本を考えるために―戦前日本社会からの視座』（梓出版社、二〇〇五年）では、第二部として「ジェラシーは、人々をどこに導いたのか」というテーマで、内藤氏が戦中のファッションの問題に光をあてた興味深い分析を行っています。たとえば、日中全面戦争開始とともに女性のパーマネントに対する批判がなされますが、それでも戦争開始から一年以上経過すると女性の間で流行の兆しすら示したと言います。しかし、戦争が長期化するなかで再びパーマネント排撃の声が高まり、さらに新体制運動の時期になると「パーマネントのみならず、贅沢とみなされるもの、他の人と違うものへの監視を決定的に強化していくこと」になったと指摘しています（一二七頁）。ここで問題となるのは、こうした戦前のパーマネント排撃は、単に戦時体制を強化するために「上から」行われたばかりではなく、それを「下から」支持する動きと共鳴しながら進んでいったということです。内藤氏は、次のように述べています。

「パーマネント料金は一九三八年の時点で五円から七円五〇銭だったという（シャンプー代金含まず）。この同じ年、官吏（高等文官試験に合格した高等官）の初任給が七五円である。パーマネントはこの月給の約一割に相当する。一九三八年九月二五日付『大阪毎日新聞』によれば、当時、大阪市内で一〇〇名を超えていたパーマネントウエーブを専門とする美容師などの料金は、七円から二〇円と、さらに高かった。『スタイル』掲載の美容院広告の中には、シャンプー・セットなどを含めて七円・一〇円と料金を表示しているところもあり、かなり高額だったことは間違いない。

貧富の差が激しかったこの頃、パーマネントのお洒落を楽しむことが出来た人、その望みも持てなかった人の差は歴然としてあった。パーマネントウエーブをかけている人への羨み――美しいということに対しても――も、そこに作用しているのではないか。」（一二八～一二九

頁）

このように内藤氏は、パーマネント排撃を支える論理として、人々がもつ「羨み」の動員ということを指摘しています。そしてさらに次のように説明しています。

「日中戦争泥沼化の中で、パーマネント廃止を唱え、それに『賛成』したところで、その賛成者はパーマネントなどかける余裕の無い者であった可能性も強い。パーマネントを攻撃し、あるいは白眼視した人々にとっては、戦時中の統制が、締め付けをもたらす一方で、『美しいパーマネント』を目の当たりにするコンプレックス＝『みじめさ』から解放されるという『復員』をもたらした側面を持っていたとも言えるのではないか。」（一二九頁）

このような戦時中の現象は、人々の間に存在する格差から生じるジェラシーを政治的に利用することが、結局どのような事態を招いたのかという歴史的な経験を私たちに示してくれています。それは、格差の問題を解決するというよりもむしろ、ジェラシーを利用した政治権力による統制の強化や、人々の間の連帯の喪失を生み出していったと言えるでしょう。パーマネント排撃運動に即して言えば、排撃運動を通して結局誰もパーマをかけることができない社会が生み出されてしまった、ということになります。

こうした歴史分析を踏まえて、須崎氏は、このことは決して日本における過去の出来事ではなく、今日の日本においても再び頭をもたげているのではないのかという問題提起を行っています。

須崎氏は次のように述べています。

「ファシズムの台頭の例を引くまでもなく、ジェラシーが歴史を大きく動かす一因となったことも少なくない。近年の日本にあってもそうである。現在の日本の前提となるのは、一九八〇年代の民間活力導入（国鉄・電信電話公社・専売公社のＪＲ・ＮＴＴ・ＪＴ化）である。それを可能にしたのは、第一次オイルショック後の一九七〇年代後半から八〇年代の臨時行政調査会（臨調）の行政改革（行革）である。そしてその道を開いていったのは、一部のメディアが主導し、多くの人々の公務員へのジェラシーに火をつけた公務員攻撃であった。この攻撃は、地方自治体職員の『高額退職金』や『恵まれた』ボーナスも問題にし、ラスパレス指数などで、地方自治体職員の給与がいかに国家公務員に比して高いかを印象づけ、高級官僚に対してではなく、身近にいる自治体職員への人々のジェラシーを煽った。」（四〜五頁）。

●「不平等」と世論

さて、須崎氏がいうジェラシーの政治というのは、人々の間にある不平等感、格差に対する不満と密接に絡んでいるものです。あくね問題の背景を考えるうえで、この問題は非常に重要な論点ではないかと思われます。なぜならば、竹原市長の言動が様々な波紋を巻き起こしているにもかかわらず、依然として市長に対する根強い支持がある理由の一つは、市職員に対する竹原市長の「高給」批判にあり、そのことで一般市民の間の不平等感や格差に対する意識を刺激したからです。阿久根市民はなぜ竹原市長を支持したのか、なぜ支持し続けるのか、という問題は、どうやら「不平等」や「格差」といった問題、そして「不平等」や「格差」に根差す人々の意識の問題と密接に関連しているように思われます。

この問題について、参考になる議論として政治思想研究者の宇野重規氏の議論をここで紹介しておきます。

先にも紹介した『〈私〉時代のデモクラシー』と題する本のなかで、宇野氏は、現代世界は「平等化」が進展する社会であると述べ、その背後にはグローバル化とそのなかでの国民国家の揺らぎがあると指摘しています。もちろん、これは、平等な社会が出現している、という意味ではありません。そうではなく平等化を求める主張が強くなっており、「新たな平等を求める声に耳をふせぐことはもはや不可能」になっている、という意味での「平等化」なのだといいます。そして、この場合の平等というのは「単にすべての個人が等しく扱われることではなく、一人ひとりが――少なくとも他の人と同程度に――特別な存在として扱われること」を内容とします(二一頁)。このような平等化の時代を考える参照軸として、宇野氏はフランスの政治思想家トクヴィルの考え方を次のように紹介しています。

「トクヴィルがいう『平等化』の時代とは、人々の平等が実現し、安定した秩序が構築される時代ではありません。むしろ、人々の平等・不平等をめぐる意識が活性化し、結果として異議申し立ての声をあげた新たな勢力が政治の舞台に上がり、既存の秩序が動揺していく時代こそが、『平等化』の時代なのです。」（一二頁）

宇野氏がトクヴィルの議論に立ち返りながら指摘しているように、今日の日本は、人々が「平等・不平等」の問題にきわめて鋭敏になっているようです。

では、日本において今日なぜ「平等・不平等」問題に鋭敏な時代が到来したのでしょうか。宇野氏は、政治学の立場から社会保障研究を展開している宮本太郎氏の議論に依拠して説明しています。要点だけ整理すると、従来の日本では業界ごと、職域ごとに雇用保障や社会保障制度が組み立てられた「仕切られた生活保障」の仕組みが良かれ悪しかれ機能していました。しかし、八〇年代以降こうした「仕切り」が崩壊し、「仕切られた生活保障」が機能不全に陥りました。その結果「仕切りの内部での不満が高まるとともに、仕切りの外部についても、社会の特定部分に対する優遇への批判が強まっています。地方へのばらまき批判や公務員バッシングは、まさにその現れというわけです」（二四頁）。このような宮本氏の議論に加え、宇野氏は、日本の「平等・不平等」問題への鋭敏な意識は世代間格差にも関連していると指摘しています。つまり、空間的な仕切りの崩壊に加えて、日本経済の急変とそのなかでの年功序列システムの崩壊により、かつてのような将来設計を描きにくくなった世代とその前の世代との不平等・格差の問題が意識されるようになったと言うのです。このような認識を示したうえで、宇野氏は次のような展望を述べています。

「今後、現代日本における平等・不平等は、ますます短い時間軸において認識されるでしょう。その分、人々の意識は鋭敏化し、対立はことさらに修復不可能なものとして映ります。ここまで検討してきたように、〈私〉の平等を求める意識は世界的な動向ですが、日本の場合、これまで人々の意識を規定してきた空間的な仕切りが失われ、時間的な幅がとくに短くなっています。そのために、不平等の意識は、単なる経済的な指標からはうかがえないほど、不安定かつ鋭敏なものになっているのです。」(四〇頁)

宇野氏の議論に依拠するならば、あくね問題とは、「平等化の時代」、すなわち人々が「平等・不平等」の問題に不安定かつ鋭敏な意識をもつようになった時代に、そうした人々の意識を政治的に動員した結果生み出された問題だと言えるのではないのでしょうか。

●不平等社会における対立と連帯

つまり、市職員給与に対するバッシングとも言える強烈な批判によって住民からの一定の支持を獲得している竹原市長は、「平等化の時代」が政治の世界に生み出した政治家のひとつのあり方を示していると言えるでしょう。つまり、いかに不平等であるかを訴え、そして「高給」を貪っている市職員を批判し、彼らの「高給」を引き下げることが改革の本丸であるという主張を行うことが、竹原市長の政治的に重要な資源になっているのです。そして、このことは、先に指摘した歴史的先例に依拠するならば、「不平等」に関する人々のジェラシーを刺激することによって効果的になされているとも言えるでしょう。

あくね問題が単なる一地方都市の問題ではないのではないか、と述べた理由の一つは、現代の日本社会の「平等化問題」や、歴史的な経験としての「ジェラシーの政治」の問題とも密接に関連していると考えられるからです。須崎愼一氏の議論を借りれば、「平等化問題」に対して竹原市長が行っているのは、格差から生まれる人々のジェラシーや不満を動員した「引き下げ」民主主義の政治ではないでしょうか。

9 危機の時代の政治指導

●二元代表制

第七章でマスコミ、第八章で世論の問題を取り上げてきました。あくね問題は単に竹原市長個人の特異な問題に還元させてはならない問題だからです。しかし、やはり混乱をここまで大きくしたのは竹原市長の言動にあったということも否定しえない事実です。と同時に、竹原市長のスタイルは、昨今のいわゆる「改革派」首長とも相通じるところがあるように思われます。かつての高度成長の時代の終焉、急激な少子高齢化の進展、格差社会の拡大、そして恒常的な財政危機といった出口なき閉塞状況が続くなかで、かつてないほど「改革派」首長への注目も高まっているように見えます。

したがって、地方自治体の首長の政治指導のあり方は、もっときちんと考えてみる必要があるように思います。様々な論点がありますが、まずは権力のチェックという点から見てみましょう。

周知のとおり、日本の地方自治体の場合、二元代表制という制度を採用しています。私たち住民が議会と首長をそれぞれ選ぶという仕組みです。原理的には議会も首長も同じように住民から選ばれた代表者という立場に立っています。しかし、これもよく言われるように、議会に対して首長優位のシステムでもあります。もちろん、首長は議会対策に苦労を重ねますが、しかし、予算の編成や提出は首長の権限ですし、また、様々な政策に関しても地方行政機関のトップである首長の主導のもとに政策が展開されています。しかも、一九九〇年代以降のいわゆる地方分権改革の進展のなかで、地方自治体の首長の権限はむしろ強化されたとさえ言えます。これまでの地方分権改革の中心は、団体自治をめぐる改革でした。つまり、中央政府によるコントロールをいかに弱めて、地方自治体の権限をいかに強めるのか。そして中央政府と地方自治体をより対等な関係へといかに変えていくのか。つまり、中央政府と地方自治体（地方政府）という二つの団体間の権限をめぐる改革を中心に分権改革が行われてきたのです。たとえば、片山善博氏は、リンカーンの言葉をもじって「これまでは『首長たちの、首長たちによる、首長たちのための地方分権』だった」と述べています。そして、この過程では住民自治というよりも地方自治体という団体の中央政府からの自立が中心課題となり、その結果、地方自治体のトップである首長の権限が相対的に強化されることにつながったと言えるでしょう。

このように考えると、地方自治体の首長は大変な権力者でもあります。近年国会議員から転身して自治体の首長になるパターンがあるのも、多数の国会議員のなかの一人よりも自治体のトップとして政策を展開したい、すなわち、それだけの権力を首長は有しているという考えがあってのことだと思われます。

こうした首長に対して、教科書的には議会がチェックするというかたちになっていますが、私たち住民との関係ではどうでしょうか。制度的には、もし住民が首長に問題ありと考えた場合、リコールという手段が準備されています。この点では、議院内閣制をとる国政よりも地方自治体の政治の方が、住民が直接コントロールできる強力な手段を準備していると言ってよいかもしれません。しかし、リコールがなされるのは事態がかなり深刻化している場合であり、頻繁に行われるわけではありません。

すなわち、選挙と選挙の間の時期に、自治体の首長に対する住民の考えや受け止め方が表面化することは、そう多くはありません。国政の場合であれば、マスコミがかなり頻繁に内閣支持率等の世論調査を実施します。選挙で有権者から支持を受けたとしても、選挙後の世論調査の結果によって首相は政策のあり方を考え、時によっては自らの進退まで考えねばなりません。きわめて高い支持率で発足した鳩山政権が一年ももたなかった理由の一つは、選挙後の世論の急激な鳩山離れにあったことは言うまでもありません。

これに対してとくに小さな自治体の場合、地方自治体の首長に関して、選挙後に首長支持率調査が行われるわけではありません。首長は選挙が終われば、選挙で支持をされたということを正統性の根拠として四年間自由に振る舞えるわけです。ルソーがイギリスの民主主義に対して「イギリスの人民は自由だと思っているが、それは大まちがいだ。彼らが自由なのは、議員を選挙する間だけのことで、議員が選ばれるやいなや、イギリス人はドレイとなり、無に帰してしまう」と述べていますが、ルソーのこの言葉は国政以上に地方自治体の政治にあてはまると言ってよいでしょうし、今の阿久根市を見ていると、ルソーの言葉のなかの議員を市長に置き換えてみた方がよりリアルではないかと思われます。

では、どうしたらよいのでしょうか。地方自治体の首長についても、国政同様マスコミが世論調査をしたらよいのでしょうか。おそらく世論調査にかかる手間暇を考えた場合、これは現実的ではないでしょう。であるからこそ、やはり原理的には対等な立場に立つ議会が重要な役割を担わざるをえないのではないかと思います。

●権力のチェックと政治指導

と同時に、もちろん一国の首相にも求められることではありますが、世論のチェックが効きにくい自治体首長の場合、権力者としての政治指導のあり方が厳しく問われねばならないでしょう。

いかに権力のチェックが大切かという点について、片山善博氏は権力分立の問題と関連づけて次のように述べています。

「古今、国民にとって悲惨な結果をもたらす独裁政治も、初めから悪いことをしたいと意思表明をしていたわけではありません。いずれも『国民のためにいいことをする』と語りかけ、多くの国民の『喝采』で受け入れられる。そんななかで、手間暇ばかりかかってまどろっこしい仕組みを変えたり、権力を集中させたりして、その結果、ヒットラーのような独裁政治家が誕生してしまったわけです。いいことなのか、それとも悪いことなのかというのは、時間軸でみると、かなり相対的なことだともいえるんですね。

ともあれ、民主主義の仕組みというのは、いいことであっても悪いことであっても、あまり急激に変化させられないようにしてあるんです。もっと言えば、いいことがさっとできるような仕組みのなかでは、悪いことだって、さっさとできるようになってしまうということなんですね。この人間の経験から生まれた奥深い権力分立論を理解しておかなければならないと思います。」（増田寛也『地域主権の近未来図』朝日新書、二〇一〇年、五八～五九頁）

ところが、今日の日本では、こうした権力のチェックという問題への関心は、マスコミを含めて非常に希薄になっているように思われます。

裁判所の命令を無視し、県知事の二度にわたる勧告にも耳をかさないような首長がなぜ支持され続けるのでしょうか。これまで述べてきたように、竹原市長が住民に対して用いる「ジェラシーの政治」の効果や、「平等化の時代」における信念や感情に訴える政治スタイルの効果などが、その理由の一部ではないかというのが、ここまでの話でした。そして、私がこの間一貫して竹原市長が繰り広げる政治にある種の危うさを感じたのも、こうした問題があると考えるからにほかなりません。しかし一方で、既存のシステムを変えるには、竹原市長くらいの大胆なことをやらないと変わらないではないか、だから支持するのだ、との声も根強くあるのも事実です。ここには権力に対するチェックという問題がすっぽりと抜け落ちていると言わざるをえません。

●危機の時代の政治指導

竹原市長ばかりでなく、宇野氏が「法的・政治的過程の素通り」と指摘し、御厨氏が「政治の文法の破壊」と指摘する現象が、小泉政治の時代以降目につくようになりました。このようなタイプの政治家はポピュリズムという言葉で説明されることもあります。政治学者の大嶽秀夫氏によれば、ポピュリズムに共通する性格は「政治を利害対立の調整の場としてではなく、善悪の対立というモラリズムの観点から、しかもドラマとしてみるという特徴を共有する。そして、そこには常に、人民の道義性を体現・象徴し、『悪』『敵』に対する『道徳的戦い』、聖戦のリーダーとなるヒーローが登場する」ことだと言います（大嶽秀夫『日本型ポピュリズム』中公新書、二〇〇三年、一一二頁)。

ただし、日本の場合、このようなポピュリズムが機能することが困難な条件があると大嶽氏は指摘しています。それは、日本の首相の地位が非常に不安定であり、「絶えず『引きずり降ろされる』脅威にさらされ」ているからだと言います（一二八頁)。だとするならば、日本の首相に比べて、格段に地位が安定している地方自治体の首長にポピュリズムが機能する可能性が大だと言うことができるでしょう。

とするならば、こうしたことは転換期には首長の暴走はある程度やむをえないこととして、私たちは甘受しなければならないのでしょうか。この問題に関しては、どうしてもドイツの社会学者であるマックス・ウェーバー（Max Weber, 1864-1920）の議論に触れておかねばなりません。ウェーバーが書いた有名な本の一つに『職業としての政治』（*Politik als Beruf*, 1919. 脇圭平訳、岩波文庫、一九八〇年）があります。そのなかで彼は、政治家にとって重要な資質として三つ指摘しています。情熱（Leidenschaft)、責任感（Verantwortungsgefühl)、判断力（Augenmaß）の三つの資質です（七七頁)。ウェーバーは、この三つの資質を個々ばらばらなものではなく、相互に密接に結びついたものとして、次のように説明しています。

「実際、どんなに純粋に感じられた情熱であっても、単なる情熱だけでは充分でない。情熱は、それが『仕事』への奉仕として、責任性と結びつき、この仕事に対する責任性が行為の規準となった時には、はじめて政治家をつくり出す。そしてそのためには判断力――これは政治家の決定的な心理的資質である――が必要である。すなわち精神を集中して冷静さを失わず、現実をあるがままに受けとめる能力、つまり事物と人間に対して距離を置いて見ることが必要である。」（七八頁）

このようにウェーバーは情熱と責任と判断力の相互関連性を説明していますが、これらの条件はなべて政治家としての「仕事」に対する姿勢の問題でもあるということが読み取れるでしょう。その場合、「もし政治が軽薄な知的遊戯でなく、人間として真剣な行為であるべきならば、政治への献身は情熱からのみ生れ、情熱によってのみ培われる」（七九頁）とウェーバーが言うように、小泉首相にせよ竹原市長にせよ政治家としての必要条件を満たしていると言えるかもしれません。しかしながら、続けてウェーバーは次のように述べています。

「しかし、距離への習熟――あらゆる意味での――がなければ、情熱的な政治家を特徴づけ、しかも彼を『不毛な興奮に酔った』単なる政治的ディレッタントから区別する、あの強靭な魂の抑制も不可能となる。」（七九頁）

ここでウェーバーが述べているのは、冷静な判断力の問題です。いくら情熱があるからといっても、冷静な判断力が備わっていなければならないということです。しかし、問題はそれにとどまりません。では、情熱と判断力はばらばらに切り離されたものなのでしょうか。竹原市長を評する声のなかでしばしば耳にするのは、目的はいいが手段に問題がある、あるいは意欲は買うがやり方が問題だ、という声です。ウェーバーの議論に引きつけて言えば、情熱があるのはよいが判断力についてはどうなのか、ということになるでしょう。

しかし、ウェーバーによれば、情熱と判断力というのは相互に関連し合っているものであり、バラバラに切り離すことはできません。この問題は、ウェーバーのなかでも最も有名な議論の一つである「心情倫理」(Gesinnungsethik)と「責任倫理」(Verantwortungsethik)の問題として論じられています。つまり、「『仕事』としての政治のエートス」(八二頁)を論ずるなかでウェーバーは、まず「倫理的に方向づけられたすべての行為」には「『心情倫理的』に方向づけられている場合と、『責任倫理的』に方向づけられている場合」があり、これは「根本的に異なった二つの調停しがたく対立した準則」であるとしています(八九頁)。そしてウェーバーは、政治家が「心情倫理家として行為すべきか、それとも責任倫理家として行為すべきか、またどんな場合にどちらを選ぶべきかについては、誰に対しても指図がましいことは言えない」(一〇二頁)と述べながらも、心情倫理家に対してきわめて厳しい見方を次のように示しています。

「ただ次のことだけははっきりと言える。もし今この興奮の時代に――諸君はこの興奮を『不毛』な興奮ではないと信じておられるようだが、いずれにしても興奮は真の情熱ではない、少なくとも真の情熱とは限らない――突然、心情倫理家が輩出して、『愚かで卑俗なのは世間であって私ではない。こうなった責任は私にではなく他人にある。私は彼らのために働き、彼らの愚かさ、卑俗さを根絶するであろう』という合い言葉をわがもの顔に振り回す場合、私ははっきり申し上げる。まずもって私はこの心情倫理の背後にあるものの内容的な重みを問題にするね。そしてこれに対する私の印象はといえば、まず相手の十中八、九までは、自分の負っている責任を本当に感ぜずロマンチックな感動に酔いしれた法螺吹きというところだ、と。」（一〇二～一〇三頁）

そして、心情倫理と責任倫理が倫理一般の問題としては両立が困難としながらも、「心情倫理と責任倫理は絶対的な対立ではなく、むしろ両々相俟って『政治への天職』をもちうる真の人間をつくり出す」と述べています（一〇三頁）。すなわち、ウェーバーは「政治とは、情熱と判断力の二つを駆使しながら、堅い板に力をこめてじわっじわっと穴をくり貫いていく作業」（一〇五頁）と言うように、情熱と判断力という両立が困難な二つの要因を、にもかかわらず相互に結びつける努力をするなかで行う行為、それが政治ではないのか、と言っているわけです。

私たちが暮らす今日の日本では、宇野氏が指摘する「平等化の時代」が進展するなかで、ウェーバーが言うところの「心情倫理家」が受容されやすい社会的土壌があるのかもしれません。しかし、だからこそ、私たち自身がいったいどのような観点から政治家を評価するのかが厳しく問われる時代になっているとも言えるでしょう。

終章

あくね問題とは何なのか?

本書の「はじめに」で、私は、あくね問題は現代の日本の政治や社会が抱え込んでいる困難さと危うさを示しているのではないのかという問題を提起しました。これまで説明してきたように、人々が平等・不平等の問題にかつてないほど鋭敏となった今日の日本で、そうした人々の意識を刺激することによって政治的支持を獲得する方法は、国政においても地方政治においても、そしてどのような地域においても、一定の効果を有するように思われます。その意味で、あくね問題というのは、やはり一地方都市の問題として片づけるのではなく、私たちの社会全体の問題のなかで考えてみる必要があるようです。

●あくね問題の背景

では、なぜこの時期にあくね問題が起こったのでしょうか。少なくとも次のような背景が考えられます。

第一は、一九九〇年代後半以降に進んだ地方分権改革の影響です。しばしば指摘されるように、この間の分権改革の中心は団体自治に関するものでした。つまり、国と地方自治体の関係を垂直的な関係から水平的な関係に組み換え、両者を対等な立場におくというものです。自治体の首長の権限は従来よりも強くなったと言えます。その結果、拡大した権限を自分の意のままに使いたいと考える首長が登場する可能性が増えてきているように思います。

第二は、第一の点と関連するのですが、分権改革が進むなかで乗り遅れたのが地方議会でした。様々な住民参加の試みを行う自治体も増えてきましたが、それは主として行政側の取り組みに見られた現象でした。また、九〇年代後半以降は、地域に対する住民の関心が高まり各地で住民投票が試みられました。そして、こうした動きに最も否定的な態度を示したのが、地方議会でした。自分たちは選挙で選ばれた代表者であるということに安住し、積極的に住民と連携しよう、あるいは議会の活動を住民に伝えようという動きはきわめて鈍かったと言わざるをえません。ようやく近年、議会基本条例を制定した北海道の栗山町など、真剣に議会改革に取り組む地方議会も見られるようになりました。しかし、議会改革をおろそかにしたツケが、住民の議会に対する極度の不信感を招き、あくね問題を引き起こす要因の一つになったと言ってよいでしょう。

次によりマクロな視点からあくね問題の背景を考えてみましょう。私は、あくね問題は戦後日本政治の基本構図そのものの転換と密接に関連しているように思います。すなわち、自民党一党優位体制のもとでの利益配分政治の崩壊という問題です。利益配分政治の時代の地方議会は、中央から地方に還流するパイをどこまで拡大するか、あるいは還流したパイをどのように配分するかという領域に存在意義を見出していました。この点に着目して地方議員は一般に思われている以上に働いていると肯定的に見るか、利益配分政治の単なるコマにすぎないと否定的に見るか、見解は分かれます。しかしながら、高度成長の時代以降の右肩上がりの時代を背景に、「それなりの」仕事をしてきたと言うことはできるでしょう。そのため、地方議会批判がなされたとしても、今日のような極度の不信感にまで達することはありませんでした。しかし、利益配分政治が崩壊し、国と地方の関係自体が大きく変わるなかで、地方議会はいったい何を行うところなのかという問題がクローズアップされざるをえません。このような状況に対処するには、今日の地方議会の多くがあまりにも旧態依然であるというのが、現状ではないかと思います。そのため、竹原市長のようにかなり乱暴なかたちで議会を攻撃しても、それに拍手喝采を送る人々はいても、議会を擁護するような世論はほとんどない、という状況が生み出されたのです。

●新自由主義的心性

さて、以上のように、あくね問題はこの間の日本の政治や行政の変化と密接に結びついて生み出されたものでした。と同時に、あくね問題が深刻なのは、すでに何度か指摘したように竹原市長を根強く支持する世論が存在するということです。

あくね問題を通して考える必要があるのは、この問題が議員批判・公務員批判と結びついているということです。数値のあいまいさについてはすでに指摘しましたが、二〇〇万円対六五〇万円という数字が独り歩きし、それが大きな影響力をもち、竹原市長の根強い支持基盤を提供しました。また、彼が拍手喝采を浴びる政策の多くは、公務員給与、議員歳費、議員削減など、公務員や議員・議会にかかる費用に関することでした。考えてみれば、二〇一〇年夏の参議院選挙で躍進した「みんなの党」が最も強く主張したのも公務員改革でした。また、日本全国至る所で首長自らが給与をカットするというのが一種の流行にすらなっています。自ら骨身を削っても改革をやるというパフォーマンスなのでしょうが、こうした削減ブーム、カットブームのもつ危うさにそろそろ私たちは気づいてもよいのではないでしょうか。

今日の公務員批判・議員批判を押し上げているものの一つに、「はじめに」で述べた〈新自由主義的心性〉があるのではないかと思うからです。

ここで私が〈新自由主義心性〉というのは、簡単に言うと、これまでの政府の役割や活動を極限にまで縮減して、市場の論理、民間の論理に委ねることをよしとする感覚ないしは考え方を指します。市役所は民営化すべきという竹原市長は、まさにこの〈新自由主義的心性〉の持ち主であると言ってよいでしょう。

しかし、これは単に政治家だけの話ではありません。というよりも、竹原市長のようなタイプの政治家を押し上げている人々の意識にもまた〈新自由主義的心性〉が浸透しているのではないかと思います。

私は最近、大学での講義のなかで次のような話をしています。「たとえば、私が、ある民間会社に対して一万円払って、何らかのサービスを求めたとしよう。その場合、私は私が支払った一万円分のサービスを要求するだろうし、もしその会社から受けたサービスが一万円以上のものと感じた場合、私はその会社を高く評価するだろう。では、私が税金を一万円払ったとしよう。その一万円の税金について、私が民間会社に支払う一万円と同じように、『元をとる』、『元以上とれたらさらによい』という発想をもったらどうなるのだろうか。」

私たちが支払う税金を、民間会社に支払うのと同じ感覚で捉えた場合、子どもはどうなるのでしょうか。生活保護を受けざるをえないような担税力に乏しい人はどうなるのでしょうか。しかし、昨今の社会の雰囲気は、この税金についても「元をとる」という発想があるのではないのでしょうか。そして、自分自身に還ってこない場合、それは「税金の無駄」という捉え方を私たちはしていないでしょうか。

民主党政権になって、人々の大きな関心を引き、また、あまり評価を受けることが少ない民主党政権にあって比較的評価が高いものに事業仕分けがあります。マスコミによって半ばショー化された部分もありますが、この事業仕分けに注がれる関心にも、そうした〈新自由主義的心性〉が働いていないでしょうか。もちろん、税金が無駄に使われていないかということはたえずチェックされるべきでしょう。しかし、税金を何に使うのか、また私たちの社会が必要としているものはどのようなことで、そのために税金をどれくらい負担しなければならないのか、という議論もまた必要ではないでしょうか。二〇一〇年の参議院選挙で、菅首相が消費税増税に関する発言をし、それが民主党惨敗の一因になりました。その結果、消費税問題を口にすること自体をタブー視する雰囲気がなきにしもあらずです。確かに、首相の発言があまりにも唐突であり、その後の説明も二転三転したことは問題でした。また、税の問題を消費税アップというかたちで考えるのか、あるいは直間比率の見直しなど、財政上の専門的な見地からの検討も必要でしょう。しかし、私たちが何をどう負担していくのかという議論抜きに、税の無駄遣いの議論が先行した結果、先ほど述べた「元をとる」発想が社会のなかに浸透していったように思われます。

●制度・ルールの変更と政治

このような〈新自由主義的心性〉が一定程度浸透し、それが世論を形成し、「改革」のためなら制度やルールを無視してもかまわない。そういった社会的雰囲気が今の日本にはあるように思われます。もちろん、制度やルールといったものは時代とともに変化するものですし、政治の役割の一つはその時々の社会の変化にあわせて制度やルールを変更するということにあります。しかし、だからと言って、御厨氏が言うところの「政治の文法」を根底から覆すようなことが行われてもよいのか、というのが問題ではないかと思います。今回のあくね問題を、サッカーの試合にたとえて考えてみましょう。

全然点数が入らず、膠着状態が続いているサッカーの試合を思い描いてみてください。見ている観客にとってもまったくおもしろみがなく、ただただ時間ばかりが過ぎていく。そのようななかで、ある選手が「な～んだ、手を使ってゴールすればいいじゃないか」と言って、ボールを手に取りゴールに投げ込みます。そして、周りが唖然としている間に、次々とその選手だけが手を使ってボールを次々と投げ込み、「ホラ、いくらでも点数が入るぜ」と得意満面になっています。

竹原市長が行った専決処分に象徴される独善的な政治手法とは、このようなものだったのではないかと思います。サッカーの試合で選手がそんなことをやれば、ブーイングの嵐でしょう。しかし政治の世界は、スポーツのように役割分担がはっきりしておらず、様々な立場や利害が錯綜した世界です。突如行われた制度やルールの無視について、ブーイングどころか「パンドラの箱をあけた」、「今まで知らないことを知らされた」などと言った評価まで起こったのです。

スポーツのルールの場合でも、歴史や社会の変化に応じて変更が加えられてきました。ただし、それはいきなり手を使ってボールを投げ込むというやり方ではなく、サッカーならサッカー、野球なら野球というスポーツがそれまでの歴史のなかで蓄積してきたルールを見直しながら改善を加えていくわけです。つまり、制度やルールの変更を行う場合、それらが拠って立つ歴史を吟味し、現状と突き合わせ、そして将来の展望も見据えながら行っていかねばなりません。これは政治の世界にもそのままあてはまることではないでしょうか。ところが、最近の日本の政治の世界では、いきなりボールを手で投げ込むやり方に好意的であるように思います。これはマスコミにもあてはまることです。

●ジェラシーの政治を克服できるのか

このような極端な制度無視、ルール違反であっても、人々が喝采を送るのは、敵を設定して徹底的に攻撃する政治手法、そして人々の感情を刺激しジェラシーを喚起して支持を獲得する政治手法とも結びついています。現在の「平等化の時代」、すなわち人々が平等・不平等の問題に鋭敏になっている時代とは、こうした政治手法が幅を利かす時代なのかもしれません。

では、人々のジェラシーを刺激したり、あるいはもっぱら個人的な信念や感情を訴えて法や制度を軽視したり無視したりすることを回避するにはどうしたらよいのでしょうか。ただ単に法を守り制度を尊重せよ、と述べるだけでは、この問題を克服することはむずかしいようにも思われます。最終的に法や制度への信頼感を回復することが重要であることに違いありませんが、旧来のシステムが揺らぎ、人々の意識状況も変化しているなかで、いったい何が求められているのかということを考える必要があります。

ここで、派遣村問題に取り組み、鳩山内閣の内閣府参与にもなった湯浅誠氏の議論を参考にしてみましょう。派遣村問題は現在の日本における経済格差を象徴する問題です。しかし、湯浅氏の著書を読んでも、そこではいわゆる単純な金持ち批判はほとんどなされていません。湯浅氏は、ホームレスやネット難民の実態を丁寧に追いながら、彼ら／彼女らがどのような状況にあるのか、そして何を求めているのか、ということを明らかにしています。もちろん経済的な問題も重要ですが、湯浅氏の言葉で言う「溜め」という問題、つまり経済的に最も苦境に陥った人々がそこから抜け出すためには、経済的な問題ばかりでなく、社会的な理解と支援を受け、なおかつ彼ら／彼女らが精神的なゆとりをもてるような環境をいかにして作っていくのか、という問題が重要であると指摘しています。そしてそのためには、相互の理解や連帯の重要性に私たちが気づかなければならないというのです（湯浅誠『反貧困』岩波新書、二〇〇八年、七八～八二頁）。

しかし、このような「溜め」を必要とするのは、支援を受ける人々だけではありません。湯浅氏のような支援をする側の人間にも「溜め」が必要なのではないでしょうか。この点について彼は次のように述べています。

「私は、生きづらさを伴う貧困の拡大や自殺者の増加などといった課題の大きな要因の一つは、人や物事が当たり前に持っている多面性や複雑さに耐えられない人々の余裕のなさ（それを私は『社会の〝溜め〟のなさ』と表現したりしている）にあると思っているので、自分はなるべく同じ思考パターンにはまらないようにしたいと気をつけている。その思考パターンは、結局のところ社会の相互不信を強め、相互に傷つけ合い、切り捨てられる人々を増やすことになると考えるからだ。怒りや苛立ち、呆れを感じて何かを切り捨てたくなっているときこそが、自分が余裕のない状態に追い込まれているサインなのだ。そのサインを受け取り損ねてはいけない。」（湯浅誠・一丁あがり実行委員会『活動家一丁あがり！』ＮＨＫ出版新書、二〇一一年）。

湯浅氏の議論から私たちが引き出すべき論点の一つは、経済格差の問題を単なる「金持ち批判」に矮小化するのではなく、社会的な環境や連帯の問題に結びつけながら考えていくべきであるということです。人々の憎悪と対立を生み出すジェラシーの政治に対抗して、相互の信頼と連帯を生み出す政治のあり方を模索しなければなりません。

たとえば、公務員批判について言えば、安定的な給与体系が保障されている公務員の人件費批判ばかりが目につきます。そこでは、高給取りで民間会社のようにテキパキと仕事をしない親方日の丸のお役所といったイメージが強調されます（たとえば、福岡政行『公務員ムダ論』角川O

NEテーマ21、二〇一〇年)。しかしながら、こうした公務員批判は、実際の公務員の姿、また役所の姿を極端にデフォルメし、単純化した議論です。こうした議論には、日本の公務員数が人口あたりの割合について見ると先進国では非常に低いという点はすっぽりと抜け落ちています(山口二郎『ポピュリズムへの反撃』角川ONEテーマ21、二〇一〇年、一〇〇頁)。さらに付け加えるならば、地方分権改革が進めば進むほど、地方自治体の仕事量は増え、実際に自治体の現場で取り扱う業務は増えてきています。一方では人員はどんどん削減され、一方では業務がどんどん増えているという、地方行政の実情にも目を向ける必要があるのです。

公務員改革を行うにしても、公務員の仕事の中身や性格、公務員によって担われている公共サービスというものについてきっちりと議論したうえで、また、日本全体の雇用システムとも関連づけながら議論していく必要があるかと思います(この問題については、松原隆一郎『日本経済論』NHK出版新書、二〇一一年、での議論が大変参考になります)。

これからの地方自治にあっては、住民と行政の協働が非常に重要であると言われています。そのためには、地方行政の現場には、法実務や行政実務に精通し、同時にまた地域に積極的に入っていき住民との信頼関係を構築できるレベルの高い人材が求められます。そうした人材をどの程度必要とするのか、そしてまた、どの程度の経費をかければよいのか、といった視点からも議論しなければなりません。

●これからの地方自治を考える

このような地方公務員の問題も含め、あくね問題を通して私たちが考えてみる必要があるのは、今後の地方自治のあり方についてです。一九九〇年代以降、地方分権改革が叫ばれ始め、機関委任事務の廃止や「平成の大合併」、小泉政権時代の「三位一体の改革」など、様々な変化の波が自治体を襲いました。そして、政権交代選挙で与党についた民主党は地域主権をスローガンとし、さらなる分権改革へと進もうとしています。また、橋下大阪府知事や河村名古屋市長、東国原宮崎県知事（元）などの「改革派」首長が全国ニュースに取り上げられることも少なくなく、自治体は今後ますます変化していくことは確かでしょう。

しかし、そうした変化のなかで問われねばならないのは、きわめて基本的な問題です。私は自治と民主主義、そして人権という基本的な問題にたえず立ち返りながら、自治体の改革を進めていくことがきわめて重要であると思っています。ブームやムードとして改革の流れが作られるのではなく、やはり私たちが暮らす社会が連帯とか信頼という価値観をつくり上げながら将来世代へとバトンタッチしていくためにも、たえず自治と民主主義、人権という観点から改革の方向性や内容を検討してみるということです。

自治と民主主義の問題について言えば、片山善博氏が言うように、これまでの分権改革は主として「首長による首長のための首長の」改革という側面が強かったと言えます。つまり、中央政府からの地方政府の自立性の確保という団体自治強化の流れです。したがって、地方自治のもう一つの柱である住民自治の問題は十分に視野に入っていなかったと言えるでしょう。そして、住民自治という場合、地域に暮らす住民には様々な価値観や利害関係をもった住民がいるというあたり前のことを前提として、住民自治のための仕組みが考えられていかねばなりません。

同時にまた、住民は二四時間、地域の行政や政治にかかわることはできません。また、住民全員がどこかに集まって物事を決めるというわけにもいきません。このような問題を克服する手段として私たちが活用しなければならないのが議会ということになります。しかし、残念ながらこれまでの地方議会は十分にその機能を果たしてきませんでした。九〇年代以降の分権改革のなかでも、議会改革はそれほど進んでこなかったというのが実情です。あくね問題が起こった理由の一つも、旧態依然たる議会、住民からよく見えない議会に対する不満にあったのです。竹原市長の場合、だから議会は不要、という結論を下すのですが、むしろ今後の分権改革の要として議会を位置づけ直していくことが必要であると思われます。

一方で、こうした改革はいかにもまどろっこしい。また、議会でいちいち議論をすることは手間暇ばかりかかって生産的でない、という見方が強いのも事実です。「改革派」首長に拍手喝采が起こるのも、彼らが強いリーダーシップを発揮して一気に変えてくれるかもしれない、という期待や願望があるからかもしれません。しかし、そうした発想ははたして今後の自治を担い育てていくという観点から考えた場合、問題があるのではないでしょうか。もっぱら首長任せの態度は、住民を自治の主役ではなく観客に押しとどめるものでしかありません。

実際、機能していないと厳しい批判を浴びている地方議会においても、様々な改革の試みが着手されています。北海道栗山町議会が議会基本条例を制定したのは二〇〇六年五月のことでした。そして、議会基本条例を制定した議会が二〇〇九年末までには八〇を超え、「今では議会改革は自治体議会にとって取り組んで『当たり前』のこととなっている」という指摘もなされています（『議会改革白書』二〇一〇年版「はじめに」）。しかし「その一方で、議会改革に取り組む議会が過半数になっている現在でも、議会改革への一般市民の関心は必ずしも高くないのが実情」であり、もっぱら議会の経費削減の観点からの「『議会改革』の提案だけが注目を集め、また、拍手喝采を集めるという場面が登場することになりがち」と同白書は指摘しています。本書でも論じたように、あくね問題の場合もまさに議会改革の問題が議会報酬に焦点があてられるかたちで進んできました。

もう一つ私たちがたえず留意しなければならない問題に、人権の問題があります。人権と大上段に構えるのではなく、他者や異なった意見を尊重し相互に信頼する態度と言ってもよいかもしれません。あくね問題を通して見えてくることは、政治的な対立や相互の批判が高まるなかで、人権の問題がないがしろにされたことです。とくに、貼り紙剝がし問題で、賞罰委員会の決定も無視したかたちで懲戒解雇という最も重い処分が下され、さらには裁判所の命令にも従わずに長期にわたって給与の未払い状態が続いたことは、権力による人権侵害と言わざるをえません。また、公務員給与を批判するに際して、個人が特定できるかたちでの給与の公開というやり方もまた、一人一人の市役所職員とその家族の人権にかかわる問題ではないかと思います。このような問題に私たちはもっと敏感であるべきではないでしょうか。もし自分自身の給与が公開されたら、もし自分が働く職場に給与がいくらと書いた貼り紙が貼られたら、というように、自分自身を相手の立場に置き換えて考えてみることです。

●地域メディアの重要性

こうした問題と並んで私が強調しておきたいのは、マスコミの問題です。私は竹原市長とは異なる観点から、現在のマスコミが抱えている問題を指摘したつもりです。マスコミはたえず自らの使命は何なのかという問題に立ち返りながら、情報を集め、そのなかから情報を取捨選択し、多くの人々に情報を伝えねばなりません。時には権力との緊張関係に立つ場合もあるでしょう。その際には、やはりマスコミとしての立場、マスコミの社会的役割をきっちりと確認したうえで、権力者に対峙すべきではないかと思います。あくね問題では、残念ながら今のマスコミの弱さが露呈されることになったと言わざるをえません。

と同時に、今回のあくね問題に関する様々なメディア報道を見て痛感したのは、地域メディアの重要性です。東京のメディアが僅かな時間の取材であくね問題を取り上げ、結局きわめて興味本位な報道や、センセーショナルな報道を行う、という場面がしばしばありました。東京のメディアにとっては、あくね問題は数ある問題のなかの一つにしかすぎません。したがって、継続的にこの問題を取材し調査をするという態勢をとることも困難でしょう。

しかし、あくね問題のような、非常に複雑で深刻な問題は、市長や議員ばかりでなく、役場の職員や住民も含めて、丹念に継続的に取材を行わなければ見えてこないことが数多くあります。そのような役割を担えるのは、地域に拠点をおく地域メディア以外にありません。インターネットが急速に普及するなかで、何よりも苦境に立たされているのが地域のメディアだと言われています（河内孝・金平茂紀『報道再生』角川ＯＮＥテーマ21、二〇一〇年、九六頁）。しかし、これからの地方自治が発展していくためにも、しっかりとした視点をもって地域の襞にまで分け入って取材をする地域メディアの役割はきわめて重要です。はたして、一連のあくね問題報道において、地域メディアがどこまで問題に迫ることができたのかを検証するとともに、東京のメディアには担いきれない役割を地域メディアは担っているということを確認することが大切でしょう。

●あくね問題は終わっていない

リコール運動と出直し市長選挙を経て、竹原市政にはとりあえずピリオドが打たれました。二年半以上にわたる市政の混乱を克服し、同時に改革を進めていくことは容易なことではないでしょう。混乱をどのようなかたちで収束させ、その一方で新たな自治のあり方をつくっていくのか、竹原氏を破って市長に就任した西平氏の手腕が問われることになります。と同時に、何よりも大切なのは、阿久根市に暮らす住民自身が今回の問題から何を学び、そしてどのような行動につなげていくのかということです。竹原市政のもとで地域社会には大きな亀裂が入りました。竹原市政下の混乱で全国から注目を浴びた阿久根市でしたが、今後のプロセス次第では私たちに新たな自治の可能性を提示してくれるかもしれません。

いずれにせよ、あくね問題は現代の日本が抱える困難さと危うさを様々な領域で示していると言えるでしょう。問題は、そこから私たちが何をくみ取り、そして、こうした問題を克服するにはどうしたらよいのか、ということを考えることです。その意味では、あくね問題はまだ終わったわけではありません。

引用・参考文献等

新井克哉『劇場型社会の構造』青弓社、二〇〇九年。

有馬晋作『東国原知事は宮崎をどう変えたか』ミネルヴァ書房、二〇〇九年。

一ノ宮美成＋グループ・K21『橋下「大阪改革」の正体』講談社、二〇〇八年。

内田樹『街場のメディア論』光文社新書、二〇一〇年。

宇野重規『〈私〉時代のデモクラシー』岩波新書、二〇一〇年。

大阪自治体問題研究所編『橋下知事への対案』せせらぎ出版、二〇〇八年。

大嶽秀夫『日本型ポピュリズム』中公新書、二〇〇三年。

奥武則『熟慮ジャーナリズム』平凡社新書、二〇一〇年。

河内孝・金平茂紀『報道再生』角川ＯＮＥテーマ21、二〇一〇年。

河村たかし『名古屋から革命を起す！』飛鳥新社、二〇〇九年。

木原敬介『我、知事に敗れたり』論創社、二〇一〇年。

共同通信社宮崎支局『総理を夢みる男　東国原英夫と地方の反乱』梧桐書院、二〇一〇年。

佐々木信夫『地方議員』ＰＨＰ新書、二〇〇九年。

佐々木毅『政治の精神』岩波新書、二〇〇九年。

産経新聞大阪社会部編著『橋下徹研究』産経新聞出版、二〇〇九年。

清水真人『首相の蹉跌―ポスト小泉 権力の黄昏』日本経済新聞社、二〇〇九年。

杉田敦『政治への想像力』岩波書店、二〇〇九年。

須崎愼一・内藤英恵『現代日本を考えるために―戦前日本社会からの視座』梓出版社、二〇〇五年。

竹原信一『独裁者』扶桑社、二〇一〇年。

田所永世『中間報告 橋下府知事の365日』ゴマブックス株式会社、二〇〇九年。

橋本行史編『現代地方自治論』ミネルヴァ書房、二〇一〇年。

東国原英夫『宮崎発 日本を変えんといかん』創美社、二〇〇七年。

東国原英夫『知事の世界』幻冬舎新書、二〇〇八年。

平井一臣『「地域ファシズム」の歴史像』法律文化社、二〇〇〇年。

廣瀬克哉『「議員力」のススメ』ぎょうせい、二〇一〇年。

廣瀬克哉・自治体議会改革フォーラム編『議会改革白書 2010年版』生活社、二〇一〇年。

福岡政行『公務員ムダ論』角川ＯＮＥテーマ21、二〇一〇年。

増田寛也『地域主権の近未来図』朝日新書、二〇一〇年。

松原隆一郎『日本経済論』ＮＨＫ出版新書、二〇一一年。

御厨貴『政治の終わり、政治の始まり』藤原書店、二〇〇九年。

山口二郎『ポピュリズムへの反撃』角川ＯＮＥテーマ21、二〇一〇年。

湯浅誠『反貧困』岩波新書、二〇〇八年。

湯浅誠・一丁あがり実行委員会『活動家一丁あがり！』ＮＨＫ出版新書、二〇一一年。

読売新聞大阪本社社会部編著『徹底検証「橋下主義」』梧桐書院、二〇〇九年。

若林亜紀『ドロボー公務員』ベスト新書、二〇一一年。
M．ウェーバー（脇圭平訳）『職業としての政治』岩波文庫、一九八〇年。
『南日本新聞』『朝日新聞』『毎日新聞』『読売新聞』『西日本新聞』『熊本日日新聞』『愛媛新聞』

「増税の前に　ルポ　鹿児島県・阿久根市」『アエラ』二〇〇九年三月三〇日号。

「『独裁』支える陰謀論」『アエラ』二〇一〇年一〇月一八日号。

尾谷謙一郎「ルポ　混乱と対立の阿久根市政七五〇日」『中央公論』二〇一〇年一一月号。

『阿久根市議会議事録』

『広報あくね』

関連年表

2005年12月	竹原氏，市議当選（４月）
2008年８月	阿久根市長選挙で竹原氏当選（選挙期間中にブログ更新問題報道）（31日）
９月	市議会，副市長，教育委員長人事案に不同意（29日）
10月	市議会，議員定数削減案，市長月給引下げ案，手数料引下げ案否決（17日）
12月	市議会，教育長人事案再度否決，市長，総務課長に採用（10日）
2009年１月	竹原氏，ブログで「やめてもらいたい議員」ネット投票（12日）
２月	市議会，市長不信任決議案を全会一致で可決（６日）
	市長，議会解散（10日）
	市長，市職員268名の給与をネットで公開（20日）
３月	出直し市議選（22日）
４月	市職員10人を降格（理由書なし）（１日）
	市長，組合に給料２～６％削減案提示（７日）
	市長，各課窓口に給与額の貼り紙（16日）
	市議会，市長不信任決議案可決，竹原市長失職（17日）
	貼り紙剝がし問題（18日）
５月	出直し市長選，竹原氏再選（31日）
６月	市長，市職労に事務所の１カ月以内退去を通告
７月	鹿児島地裁，組合事務所使用許可取消処分の効力停止決定（10日）
	貼り紙を剝がした職員を懲戒免職処分（31日）
９月	市議会，教育長人事不同意（10日）
10月	市議会，弁護士費用含む補正予算案否決（１日）
	鹿児島地裁，懲戒免職効力停止決定（21日）
	元係長出勤（23日）
12月	障害者に関するブログ書き込み（11月８日）問題表面化（４日）
	懲戒免処分効力停止即時抗告を高裁宮崎支部棄却（７日）
	福祉７団体市役所訪問，市長面会せず（11日）

2010年１月	仕事始め式で「従わぬ職員クビ」発言，新聞各社の入室禁止（４日）
	防災無線で報道批判（５日）
	市役所内の撮影原則禁止（27日）
	阿久根の将来を考える会発足（28日）
２月	市政方針演説で「妨害勢力一掃」宣言（22日）
	公平委員会，降格人事につき「違法かつ不当」の判定（23日）
３月	市長，議会本会議欠席（４日～）
	市長，委員会での答弁拒否を担当課長に命令（11日～）
	市民懇談会（職員に参加を職務命令）（14日）
	鶴翔高校生徒処分の撤回を要請（18日）
	市議会，市長問責決議案可決（26日）
	市長，市役所内市民コーナーの閲覧用新聞購読中止を指示（31日）
４月	鹿児島地裁，懲戒免問題判決（９日）
	市長派議員，市長不信任決議案提出意向表明（12日）
	市長不信任決議案全会一致で否決（19日）
	専決処分で花火規制条例公布（27日）
５月	市長・市議，市職員のボーナス半減を専決処分（28日）
	リコール準備委員会発足
	市長，この日までに議会定例会招集せず（31日）
６月	県知事，阿久根市へ助言（22日）
	知事，竹原市長と面会（23日）
	阿久根市職員，市長に上申書提出（25日）（翌月４日に裁断される）
	リコール準備委員会，住民説明会開始（28日）
７月	県知事，臨時議会を招集するよう勧告（２日）
	県知事，二度目の勧告（23日）
	元愛媛県警の仙波敏郎氏の「副市長選任」発表（25日）
８月	懲戒免の職員復職（３日）
	臨時議会招集の意向を発表（５日）
	リコール署名活動開始（17日）
	臨時議会開会（25日）

	リコール署名，第一次集約で8000名以上集まる（25日）
9月	リコール署名，市選管に提出（10197名分）（15日） 高裁宮崎支部，貼り紙事件解雇問題の市側控訴を棄却（17日），10月1日に市側上告断念 阿久根市議会定例議会開会，4名の議員が籠城（29日）
10月	市長リコール本請求（13日） 籠城4議員の内2名を除名，2名を出席停止5日間と決定（18日） 議会リコール署名運動開始（26日）
11月	市長リコール住民投票告示（15日） 群馬県警元警察部補の大河原宗平氏を総務課長兼選挙管理委員会事務局長に任命（22日） 議会リコール署名，市選管に提出（9266名分）（29日）
12月	市長リコールの住民投票，398票差で解職成立（6日） 市長職務代理者に仙波氏就任（7日）
2011年1月	職務代理者の仙波氏，議会開会中に補正予算を専決処分（4日） 議会リコール，本請求（7日） 市長選挙，西平良将氏が竹原氏を864票差で破り当選（16日）
2月	市議会リコールの住民投票，解散賛成7321票，反対5914票でリコール成立（20日），4月24日に出直し市議選

あとがき

筆者にとって縁もゆかりもない鹿児島の地に職を得てやって来たのは、今から二〇年以上前の一九八九年のことであった。その当時、鹿児島の政治で全国的に注目を浴びていたのが、奄美群島を舞台とする「保徳（やすとく）戦争」だった。田中派の代議士保岡興治氏と徳州会病院を率いる徳田虎雄氏による地域を二分する凄まじい争いが繰り広げられていた。本書で取り上げた「あくね問題」は、鹿児島における一地方政治が全国的に注目を浴びるという点では、「保徳戦争」以来の出来事である。奄美と阿久根。偶然ではあるが、ローマ字表記にするといずれもAで始まる。

しかし、八〇年代を中心とした奄美での政治的混乱と今回の阿久根における政治的混乱は、位相を異にした出来事だと考えている。奄美の場合は、利益誘導政治の象徴である田中型支配と連動した地方政治の混乱であったが、阿久根の問題は、利益誘導政治が崩れながらも新たな日本政治の方向性がいまだ明確ではないなかでの、すなわちポスト利益誘導政治への移行段階で起きた出来事ではないかと思われる。

本来の私の専門領域は日本政治史である。戦前の国家主義運動研究を出発点とし、最近では戦後の社会運動や日韓関係を主要な研究テーマにしている。「保徳戦争」にしろ「あくね問題」にしろ、私の本来の専門領域ではない。

鹿児島に赴任する前に、指導をしていただいていた石川捷治先生からいただいた言葉を今でもはっきりと記憶している。

「地方に行けば行くほど、マスコミから様々なコメントを求められる機会も多い。それにどう対応するかは個々人の自由であるが、医学でいうところの基礎と臨床のうちの臨床だと思って対応するというのも一つの考え方ではないか。政治は生きた世界なのだから。」

今回の「あくね問題」も含め、私は「生きた世界」としての政治の世界について考える貴重な機会を鹿児島の地で得ることができたと考えている。ご存知の方も多いと思うが、『Dr.コトー』という離島で地域医療に従事するお医者さんを主人公にした漫画がある。漫画の舞台は鹿児島県の離島、甑島《こしきじま》である。大学病院や都市の大病院で最先端医療を吸収しながら医療に従事する医者とは異なり、地域に寄り添いながら医療活動に従事するDr.コトーのように、地域の襞にまで分け入りながら地方政治の診断と処方を考えるという生き方もあってよいのかなと最近思うようになった。もちろん私にはDr.コトーのような技量はないが、今後一層地方分権の流れが進むとするならば、地方に在住する研究者が、地方における政治や行政についての診断と処方を考えることはますます重要になってくるだろう。
本書を執筆するにあたって、何度か阿久根市にも足を運び、関係者の方々からのお話をお聞きしたり、資料を提供したりしていただいた。ご協力いただいた方々に感謝申し上げたい。何人かの方から、単にマスコミで断片的にコメントするのではなく、「あくね問題」についてまとまった考察を発表してはどうかとのアドバイスを受けた。しかし、厳しい出版事情のため、一地方の事例を対象とする企画については、二の足を踏まざるをえないというのが出版界の実情である。そうしたなかで、「あくね問題」を今世に問うことの意味をご理解いただいた法律文化社、そして構想段階を含めて適切なアドバイスをいただいた同社の田靡純子さんにお礼申し上げたい。

本書を脱稿した後、私が準備していた「あとがき」は、以上をもって終わっていた。ところが、本書の校正の作業を行っている最中の三月一一日、東北沖を震源地とする大地震とそれによる大津波が発生した。現時点では最終的な被害がどの程度になるのかも見当がつかない状況であり、福島第一原発事故はきわめて深刻な事態に陥っている。いずれにしても、日本の歴史上のみならず、世界的にみても、きわめて深刻な災害であり原発事故であることは間違いない。阪神淡路大震災で実家が被災した経験をもつ経済学者の松原隆一郎氏は、私たちにとって今回の事態がもつ重みについて、次のように述べている。

「オール電化生活さえも享受してきた我々の選んだ政府が、自衛官や警察官、消防士ら直接原発に携わったのではない人々に対しても、生命の危険を賭し放水することを命じたのだ。

主権者が現場作業者に生命を賭すように命じた例は、歴史に満ちている。しかしそれが主権在民の世でも起きることに、そして関係者たちの酌み取りがたい信条についても、私たちは思いを致す宿命を負ったのである。」（松原「つぶやきに耳をすます」『朝日新聞』二〇一一年三月二一日）

日々流れてくるニュースを見ながら、様々な思いが去来しているが、本書の内容と関連する問題をいくつか記しておきたい。

今回の想像を絶する規模の地震と津波によって、東北地方の太平洋岸が甚大な被害を被った。なかには首長を含めて役場そのものが津波にさらわれた自治体もあり、そのため数日間状況把握がまったくできない事態となった。また、原発事故に伴う避難を余儀なくされた福島県双葉町は、役場ごと埼玉県に集団移住した。これらの事態は、役場というものが、まさに地域の毛細血管の役割を果たしていることを示している。「平成の大合併」にせよ、道州制に関する議論にせよ、この間の日本の地方自治をめぐる動きは規模の拡大化を進めてきただけではないか。それは、過疎化が進む地域にとっては、毛細血管が奪われることを意味しているのではないのだろうか。今回の震災を踏まえて、私たちは基礎的自治体が担ってきた機能や役割にきちんと目を向ける必要があるように思う。

もちろん、役場があればそれでよいというわけではない。また、阪神淡路大震災の際にもそうだったが、大規模災害時の行政のあり方には様々な批判がなされてもいる。ただ、災害直後の状況把握のみならず、救援活動や救援物資の受け入れにしても、役場の機能に大きく左右されると思われる。医療チームや消防、警察、自衛隊、さらにはボランティアやＮＰＯとして支援する人々が、現地でそれぞれの専門性を活かすためにも、役場が果たすべき役割の大きさ、重要性に目を向けるべきではないだろうか。

一方、福島第一原発事故に対する東京電力の記者会見を見ていて、こうした社会全体を巻き込む危機的な事態に対してまったく対応能力をもたない民間企業の姿を露呈しているように思われた。とくに、震災と津波によって原発がダメージを受けた直後に、廃炉を視野に入れた思い切った処置がとれなかったのかという疑問を拭うことができない。原発事故の報道を聞きながら私の頭によぎったのは、水俣の問題であった。結局、水俣の教訓はまったく活かされていないのではないのか。かつてチッソが企業活動を優先させたために水俣病の被害を拡大させていった悲劇の構図が、今回の福島第一原発事故への対応とダブって見えるのである。いずれにせよ事故発生の初期段階での対応については、今後様々な観点から検証されるべき問題のひとつではないかと思われる。

私は、地震発生後今でも続く大変な状況のなかで、様々な立場の多くの人々が、それぞれの持ち場で必死に対応を行っていると思っている。東電（東京電力）社員も例外ではないだろう。福島第一、第二原発で働く東電社員および関連会社や協力企業の社員は一万人以上おり、そのうちの九割が福島県内在住であり、そのうちの七割から八割が原発周辺地域の住民だという。過酷な事故対策に追われる現場の職員のなかには、地震、津波の被災者の住民も少なからずいるという（『朝日新聞』二〇一一年三月二七日）。そして、日を追うにしたがって、福島第一発電所で作業に従事する人々がきわめて劣悪な環境におかれていることも明らかになりつつある。そうした人々に敬意を払う一方で、原子力発電という巨大システムの歯車がいったん狂ってしまうといかに多くの犠牲を強いるものなのか、思いを致す必要もあるのではないか。

それにしても、一企業体としての東電が今回の事故に際して示した混乱ぶりは目を覆うばかりである。私はこのような東電の姿を見て、近年の官僚批判や公務員批判にみられる単純な図式、つまり「民間では考えられない」「民間にまかせればいい」という安易な官民比較の底の浅さについて考える必要性をより一層強く感じた。官僚批判や公務員批判をするなということではない。しかし、公的な機関と民間は、それぞれに固有の職務があり、得手不得手とする守備範囲があるのではないのだろうか。それを踏まえたうえで官民のあり方を冷静に議論すべきではないか。私が本書で述べているのは、官僚擁護でも公務員擁護でもない。ただ、単純な官民比較によって官僚や公務員をバッシングするのではなく、議論の土俵そのものを考え直すべきではないのか、というのが私の立場である。

震災後の各政党の党首クラスのコメントの一つで非常に気になったのは、みんなの党の渡辺喜美代表のコメントだった。「この混乱に乗じて官僚が勝手なことをやりかねない」という官僚不信の言である。官僚を鼓舞し、官僚のやる気を引き出しながら、より効果的な対応策にいかにつなげていくのか。危機的な状況のなかで政治家に求められるリーダーシップとはこのようなものではないのだろうか。震災直後の状況でさえ官僚に対する不信感丸出しの言葉しかもたない政治家に、官僚たちははたしてどのように対応すればよいのだろう。

また、本書で取り上げたマスコミの問題についても一つだけ言及しておきたい。福島第一原発についての東電、原子力安全保安院、政府による記者会見を多くの国民が注視した。そこで厳しい質問や追及が記者から発せられることもしばしばあった。もちろん、未曾有の事態に対していったい何が起こっているのか、どうしたらよいのかという人々の関心に応えるためにも、マスコミの果たす役割はきわめて大きいし、厳しい質問や追及がなされるのも当然だと思う。しかし、この間の日本の原子力政策に対して日本のマスコミははたしてどこまで深くメスを入れてきたのだろう。反原発運動の市民運動をやっている知人の一人が、何をやっても何を言っても今のマスコミはほとんど取り上げようともしないとぼやいていた。今回の事故を単に東電や政府の問題としてばかりでなく、これまでのマスコミの原発問題に対する姿勢の問題として考えることができるのかどうかという点も、今後問われるべきだと思う。

いずれにせよ、今回の地震、津波、原発事故は、日本の政治や社会のこれまでのあり方、さらには私たちのライフスタイルそのものを根本的に見直す契機となるだろう。そこで求められるのは、憎悪に基づく非難や批判ではなく、様々な立場や利害の違いを踏まえながら、湯浅誠氏の言葉を借りれば、それぞれが「溜め」をもちながら、議論を交わしながら力をあわせ合う活動の場をどのように作り出せるかということであろう。

今回の地震、津波、原発事故で尊い命を奪われた多数の方々のご冥福をお祈りするとともに、被災者の方々が、そして被災者の方々がかつて暮らしを営んできた地域が、一日でも早く復興への道に歩みだされることを願いながら筆を置くこととしたい。

二〇一一年三月

平井一臣

【著者略歴】

平 井 一 臣（ひらい　かずおみ）

1958年　宮崎県都城市生まれ
1987年　九州大学大学院法学研究科政治専攻単位取得退学
鹿児島大学教養部講師，同助教授を経て，現在，鹿児島大学法文学部教授
博士（法学）
専攻は日本政治史，地域政治

〈主要著書〉
『「地域ファシズム」の歴史像』法律文化社，2000年。
『自分からの政治学』（石川捷治との共編著）法律文化社，1999年。
『かかわりの政治学』（編著）法律文化社，2005年。
『実践の政治学』（畑山敏夫との共編著）法律文化社，2011年，など

Horitsu Bunka Sha

2011年5月15日　初版第1刷発行

首 長 の 暴 走
—あくね問題の政治学—

著　者　平 井 一 臣
発行者　田 靡 純 子

発行所　株式会社　法律文化社
〒603-8053 京都市北区上賀茂岩ヶ垣内町71
電話 075(791)7131　FAX 075(721)8400
URL:http://www.hou-bun.com

印刷：共同印刷工業㈱／製本：㈱藤沢製本
装幀　平井秀文
ISBN 978-4-589-03350-5